教师教育“课证融合”系列教材

高中数学课程标准与教学案例诊断

主　　编　程晓亮　郑　晨
副 主 编　刘　影　苏亚利　刘　博
参　　编　（按姓名拼音排序）
郭玉晶　刘兴华　刘占峰　牟　欣
王宏仁　王卫华　张艳娜

北京大学出版社
PEKING UNIVERSITY PRESS

内 容 简 介

本书结合国家教师资格考试高中数学考试大纲，参考国家教师资格考试真题，详细地分析了《普通高中数学课程标准》（2017 年版）的理论部分，并针对高中数学知识，按照函数主题、几何与代数主题、概率与统计主题以及数学建模活动与数学探究活动主题设计教学案例，给出了具体的诊断分析。

本书既可作为高等师范院校相应课程的专业教材，也可作为参加国家教师资格考试考生的备考指导用书。

图书在版编目(CIP)数据

高中数学课程标准与教学案例诊断/程晓亮，郑晨主编. —北京：北京大学出版社，2020.4
教师教育“课证融合”系列教材
ISBN 978-7-301-30317-7

Ⅰ.①高… Ⅱ.①程… ②郑… Ⅲ.①中学数学课 – 教学法 – 高中 – 中学教师 – 资格考试 – 教材 Ⅳ.①G633.602

中国版本图书馆 CIP 数据核字（2019）第 034324 号

书　　名	高中数学课程标准与教学案例诊断 GAOZHONG SHUXUE KECHENG BIAOZHUN YU JIAOXUE ANLI ZHENDUAN
著作责任者	程晓亮　郑　晨　主编
责 任 编 辑	郗泽潇
标 准 书 号	ISBN 978-7-301-30317-7
出 版 发 行	北京大学出版社
地　　址	北京市海淀区成府路 205 号　100871
网　　址	http://www.pup.cn　　新浪微博：@ 北京大学出版社
电 子 信 箱	zyjy@pup. cn
电　　话	邮购部 010-62752015　发行部 010-62750672　编辑部 010-62704142
印 刷 者	三河市北燕印装有限公司
经 销 者	新华书店
	787 毫米 × 1092 毫米　16 开本　10.75 印张　248 千字
	2020 年 4 月第 1 版　2020 年 4 月第 1 次印刷
定　　价	35.00 元

教师教育"课证融合"系列教材

编 委 会

前言

为落实《教育部关于实施卓越教师培养计划 2.0 的意见》，我们经过精心策划和全面调研，决定组织编写一套数学教学类系列教材，为推进师范生教育教学技能实训和师范生自主研究训练提供载体，为培养卓越教师奠定基础。同时，这套教材围绕国家教师资格考试的要求，力争全面提高准教师的教学能力，提升教书育人水平，为培养人民满意的教师打好基础。在编写过程中，我们以教育部颁发的《教师教育课程标准（试行）》《中学教师专业标准（试行）》《普通高中数学课程标准》（2017 年版）等为主要参考依据，同时参考《中小学幼儿园教师培训课程指导标准（义务教育数学学科教学）》《中小学教师教育技术能力标准（试行）》《普通高校本科专业类教学质量国家标准》，以及《普通高等学校师范类专业认证实施办法（暂行）》中的《中学教育专业认证标准》等，按照“课证融合”的标准，科学、系统、严谨地介绍并阐释高中数学学科的知识体系、能力素养，以及课程与教学的知识、能力、教学实践案例等。

本书共分为五章，包括《普通高中数学课程标准》（2017 年版）考点解读、函数主题教学案例诊断、几何与代数主题教学案例诊断、概率与统计主题教学案例诊断及数学建模活动与数学探究活动主题教学案例诊断。第一章在阐述《普通高中数学课程标准》（2017 年版）内容的同时，强调国家教师资格考试对这部分内容的要求，做到知识讲解与历年真题及思考题同步展示。由于大部分思考题紧跟理论内容，我们不再重复给出这些问题的解答。第二至五章则主要根据《普通高中数学课程标准》（2017 年版），综合数学课程内容要求，整理教学中具有引领性和代表性的教学案例，并对案例进行问题诊断。题目形式主要为提供一段教学情境片段或是教学内容相关背景资料，然后提出问题。在问题中要求学生阅读给定的资料，依据一定的理论知识，或做出决策，或给出评价，或提出具体的解决问题的方法或意见等。教学案例诊断问题属于综合性较强的题目类型，考查的是高层次的认知目标。它不仅能考查学生掌握教育、教学知识的程度，而且能考查学生理解、运用知识的能力，更重要的是它能考查学生综合、分析、评价方面的能力。标注年份信息的题目是国家教师资格考试的真题，如标注“2018 年上”，指的是 2018 年上半年国家教师资格考试真题。

本书既可作为高等师范院校相应课程的专业教材，也可作为参加国家教师资格考试考生的备考指导用书。

本书在理论的引领下，侧重实践体系的构建，在编写过程中得到了许多中学一线教师的支持与鼓励，师范院校的同行给出了中肯的意见和建议，在此表示衷心的感谢。由于编者水平有限，书中不当之处在所难免，恳请教师和读者批评指正。

编者

2020 年 2 月

目 录

第一章 《普通高中数学课程标准》(2017 年版) 考点解读

第一节 课程性质与基本理念 …… 2
第二节 学科核心素养及水平划分 …… 5
第三节 课程目标与课程结构 …… 16
第四节 课程内容（一）——必修课程 …… 20
第五节 课程内容（二）——选择性必修课程 …… 38
第六节 课程内容（三）——选修课程 …… 50
第七节 学业质量 …… 65
第八节 实施建议 …… 69

第二章 函数主题教学案例诊断

案例 2.1 集合相关问题（2015 年上） …… 87
案例 2.2 借助一元二次函数图象求解一元二次不等式 …… 88
案例 2.3 函数单调性概念的抽象化过程 …… 89
案例 2.4 函数奇偶性概念（2014 年上） …… 91
案例 2.5 概念同化 …… 92
案例 2.6 指数函数性质 …… 93
案例 2.7 幂函数的概念 …… 94
案例 2.8 集合的含义与表示（2018 年下） …… 95
案例 2.9 对数方程 …… 97
案例 2.10 函数概念的理解 …… 98
案例 2.11 求三角函数值（2015 年下） …… 99
案例 2.12 最值问题求解 …… 101
案例 2.13 和差化积公式的证明（2016 年下） …… 102
案例 2.14 三角形中正切公式的证明 …… 104
案例 2.15 利用单位圆的对称性探索三角函数的诱导公式 …… 104
案例 2.16 等差数列问题（2016 年上） …… 105
案例 2.17 迭代计算问题 …… 107
案例 2.18 二分法概念的引入 …… 109

案例 2.19 弧度制的引入 …… 110

第三章 几何与代数主题教学案例诊断

案例 3.1 不等式的证明（2014 年下） …… 113
案例 3.2 不等式组相关问题 …… 115
案例 3.3 基本不等式的应用 …… 116
案例 3.4 平面向量的应用（2017 年上） …… 117
案例 3.5 用向量方法研究距离问题 …… 118
案例 3.6 复数的发展史 …… 119
案例 3.7 复数概念的引入（2017 年下） …… 121
案例 3.8 椭圆的定义 …… 122
案例 3.9 椭圆标准方程的求解 …… 123
案例 3.10 双曲线方程的求解 …… 124
案例 3.11 与抛物线相关的问题 …… 125
案例 3.12 异面直线（2018 年上） …… 127
案例 3.13 直线与平面垂直的判定 …… 128
案例 3.14 两点间的距离 …… 130
案例 3.15 空间中的线面平行 …… 131
案例 3.16 四边形的面积问题 …… 132

第四章 概率与统计主题教学案例诊断

案例 4.1 互斥与对立事件 …… 136
案例 4.2 概率求解问题 …… 137
案例 4.3 概率概念的正确理解 …… 138
案例 4.4 分层抽样问题 …… 139
案例 4.5 古典概型问题 …… 141
案例 4.6 样本点和样本空间 …… 142
案例 4.7 用样本空间的数字特征估计总体的数字特征 …… 144
案例 4.8 抽样调查问题 …… 145
案例 4.9 正态分布 …… 145
案例 4.10 随机事件 …… 146
案例 4.11 高尔顿板实验 …… 148

第五章 数学建模活动与数学探究活动主题教学案例诊断

案例 5.1 急刹车停车距离问题 …… 151
案例 5.2 测量高度活动流程 …… 153
案例 5.3 测量高度课题报告及结题交流 …… 155
案例 5.4 鞋号问题 …… 158
案例 5.5 包装彩绳长度 …… 159
案例 5.6 体重与脉搏 …… 160
案例 5.7 正方体截面的探究 …… 162

第一章

《普通高中数学课程标准》（2017年版）考点解读

☞ 学习目标

◎ 了解普通高中数学课程标准的基本理念。

◎ 明确普通高中数学学科的核心素养和课程目标。

◎ 掌握普通高中数学的课程结构和课程内容。

☞ 教学提示

教师要帮助学生掌握普通高中数学的课程性质与基本理念、核心素养、课程目标、课程结构及课程内容。另外，教师还应启发学生要以教师专业标准的理念为指导，提升自身的专业水平、通识素养和数学专业素养等。

☞ 学习导引

本章主要介绍《普通高中数学课程标准》(2017 年版)的内容，主要包括：课程性质、基本理念、学科核心素养、课程目标、课程结构和课程内容等，学生在学习时要重点把握普通高中数学课程的四个基本理念、“四基”、“四能”、六个核心素养、四条内容主线、三个课程类别和五类选修体系，以及体现核心素养的四个方面等具体内容，并结合数学知识内容，全面掌握具体的教学要求、学业要求与评价要求。

第一节　课程性质与基本理念

党的十九大明确提出：“要全面贯彻党的教育方针，落实立德树人根本任务，发展素质教育，推进教育公平，培养德智体美全面发展的社会主义建设者和接班人。”基础教育课程承载着党的教育方针和教育思想，规定了教育目标和教育内容，是国家意志在教育领域的直接体现，在立德树人中发挥着关键作用。普通高中教育的定位是在义务教育基础上进一步提高国民素质、面向大众的基础教育，任务是促进学生全面而有个性的发展，为学生适应社会生活、高等教育和职业发展做准备，为学生的终身发展奠定基础。普通高中的培养目标是进一步提升学生综合素质，着力发展核心素养，使学生树立理想信念和社会责任感，具有科学文化素养和终身学习能力，具有自主发展能力和沟通合作能力。

思考题

1. 普通高中教育的定位是什么？

2. 普通高中的培养目标是什么？

根据以上定位和培养目标，普通高中课程改革的整体思路是：在保证共同基础的前提下，为不同发展方向的学生提供有选择的课程，将课程类别调整为必修课程、选择性必修课程和选修课程，明确各类课程的功能定位，与高考综合改革相衔接：必修课程根据学生全面发展需要设置，全修全考；选择性必修课程根据学生个性发展和升学考试需要设置，选修选考；选修课程由学校根据实际情况统筹规划开设，学生自主选择修习，学而不考或学而备考，为学生就业和高校招生录取提供参考。强化课程有效实施的制度建设，进一步明确课程实施环节的责任主体和要求，从课程标准、教材、课程规划、教学管理，以及评价、资源建设等方面，对国家、省（自治区、直辖市）、学校分别提出要求。增设“条件保障”部分，从师资队伍建设、教学设施和经费保障等方面提出具体要求。增设“管理与监督”部分，强化各级教育行政部门和学校课程实施的责任。

思考题

3. 普通高中课程类别包括（　　）。

A. 必修课程　　B. 选择性必修课程　　C. 选修课程

4. 普通高中必修课程、选择性必修课程、选修课程的功能定位分别是什么？

5. 普通高中必修课程根据学生全面发展需要设置，要求是（　　）。

A. 全修全考　　B. 选修选考

C. 学而不考　　D. 学而备考

6. 普通高中选择性必修课程根据学生个性发展和升学考试需要设置，要求是（　　）。

A. 全修全考　　B. 选修选考

C. 学而备考　　D. 自主选修，学而不考

一、课程性质

数学是研究数量关系和空间形式的一门科学。数学源于对现实世界的抽象，基于抽象结构，通过符号运算、形式推理、模型构建等，理解和表达现实世界中事物的本质、关系和规律。数学与人类生活和社会发展紧密关联。数学不仅是运算和推理的工具，还是表达和交流的语言。数学承载着思想和文化，是人类文明的重要组成部分。数学是自然科学的重要基础，并且在社会科学中发挥越来越大的作用，数学的应用已渗透到现代社会及人们日常生活的各个方面。随着现代科学技术特别是计算机科学、人工智能的迅猛发展，人们获取数据和处理数据的能力都得到很大的提升。伴随着大数据时代的到来，人们常常需要对网络、文本、声音、图像等反映的信息进行数字化处理，这使数学的研究领域与应用领域得到极大拓展。数学直接为社会创造价值，推动社会生产力的发展。

数学在形成人的理性思维、科学精神和促进个人智力发展的过程中发挥着不可替代的作用。数学素养是现代社会每一个人应该具备的基本素养。

数学教育承载着落实立德树人根本任务、发展素质教育的功能。数学教育帮助学生掌握现代生活和进一步学习所必需的数学知识、技能、思想和方法；提升学生的数学素养，引导学生会用数学眼光观察世界，会用数学思维思考世界，会用数学语言表达世界；促进学生思维能力、实践能力和创新意识的发展，探寻事物变化规律，增强社会责任感；在学生形成正确人生观、价值观、世界观等方面发挥着独特作用。

高中数学课程是义务教育阶段后普通高级中学的主要课程，具有基础性、选择性和发展性。必修课程面向全体学生，构建共同基础；选择性必修课程、选修课程充分考虑学生的不同成长需求，提供多样性的课程供学生自主选择；高中数学课程为学生的可持续发展和终身学习创造条件。

思考题

7. 数学教育的功能是什么？

8. 数学课程是义务教育阶段后普通高级中学的主要课程，具有(　　)。

A. 高阶性　　B. 基础性

C. 选择性　　D. 发展性

二、基本理念

1. 学生发展为本，立德树人，提升素养

高中数学课程以学生发展为本，落实立德树人根本任务，培育科学精神和创新意识，提升数学学科核心素养。高中数学课程面向全体学生，实现：人人都能获得良好的数学教育，不同的人在数学上得到不同的发展。

2. 优化课程结构，突出主线，精选内容

高中数学课程体现社会发展的需求、数学学科的特征和学生的认知规律，发展学生数学学科核心素养。优化课程结构，为学生发展提供共同基础和多样化选择；突出数学主线，凸显数学的内在逻辑和思想方法；精选课程内容，处理好数学学科核心素养与知识技能之间的关系，强调数学与生活及其他学科的联系，提升学生应用数学解决实际问题的能力，同时注重数学文化的渗透。

思考题

9. 普通高中数学课程基本理念之一是“优化课程结构，突出主线，精选内容”，其中优化课程结构包括哪几方面的内容？

3. 把握数学本质，启发思考，改进教学

高中数学教学以发展学生数学学科核心素养为导向，创设合适的教学情境，启发学生思考，引导学生把握数学内容的本质。提倡独立思考、自主学习、合作交流等多种学习方式，激发学习数学的兴趣，养成良好的学习习惯，促进学生实践能力和创新意识的发展。注重信息技术与数学课程的深度融合，提高教学的实效性。不断引导学生感悟数学的科学价值、应用价值、文化价值和审美价值。

思考题

10. 学习普通高中数学时提倡的学习方式有(　　)。

A. 独立思考　　B. 自主学习

C. 合作交流　　D. 听讲记录

11. 普通高中数学教学中要引导学生感悟的数学价值不包括(　　)。

A. 科学价值　　B. 应用价值　　C. 文化价值

D. 审美价值　　E. 教育价值

4. 重视过程评价,聚焦素养,提高质量

高中数学学习评价关注学生知识技能的掌握,更关注数学学科核心素养的形成和发展,制定科学合理的学业质量要求,促进学生在不同学习阶段数学学科核心素养水平的达成。评价既要关注学生学习的结果,更要重视学生学习的过程。开发合理的评价工具,将知识技能的掌握与数学学科核心素养的达成有机结合,建立目标多元、方式多样、重视过程的评价体系。通过评价,提高学生学习兴趣,帮助学生认识自我,增强自信;帮助教师改进教学,提高质量。

思考题

12. 普通高中数学课程的基本理念有哪些?

第二节 学科核心素养及水平划分

一、学科核心素养

学科核心素养是育人价值的集中体现,是学生通过学科学习而逐步形成的正确价值观念、必备品格和关键能力。数学学科核心素养是数学课程目标的集中体现,是具有数学基本特征的思维品质、关键能力以及情感、态度与价值观的综合体现,是在数学学习和应用过程中逐步形成和发展的。数学学科核心素养包括:数学抽象、逻辑推理、数学建模、直观想象、数学运算和数据分析。这些数学学科核心素养既相对独立、又相互交融,是一个有机的整体。

思考题

13. 普通高中数学学科核心素养的功能与定位是什么?

14. 普通高中数学学科核心素养不包括( )。

A. 观察操作　　B. 数学抽象

C. 数学建模　　D. 直观想象

1. 数学抽象

数学抽象是指通过对数量关系与空间形式的抽象,得到数学研究对象的素养。数学抽象过程主要包括:从数量与数量关系、图形与图形关系中抽象出数学概念及概念之间的关系,从事物的具体背景中抽象出一般规律和结构,并用数学语言予以表征。

数学抽象是数学的基本思想,是形成理性思维的重要基础,反映了数学的本质特征,贯穿在数学产生、发展、应用的过程中。数学抽象使得数学成为高度概括、表达准确、结论一般、有序多级的系统。

数学抽象主要表现为:获得数学概念和规则,提出数学命题和模型,形成数学方法与思想,认识数学结构与体系。

通过高中数学课程的学习,学生能在情境中抽象出数学概念、命题、方法和体系,积累从具体到抽象的活动经验;养成在日常生活和实践中一般性思考问题的习惯,把握事物的本质,以简驭繁;运用数学抽象的思维方式思考并解决问题。

思考题

15. 普通高中数学学科核心素养中的数学抽象指的是什么？主要包括哪些内容？

16. 普通高中数学学科核心素养中的数学抽象的主要表现为(　　)。

A. 获得数学概念和规则　　B. 提出数学命题和模型

C. 形成数学方法与思想　　D. 认识数学结构与体系

历年真题

【1.1】 (2014 年上)如何认识数学的抽象性？在数学教学中如何处理抽象与具体之间的关系？请结合实例谈谈你的看法。

参考答案：

对数学抽象的认识：抽象是在思想中抽取事物的本质属性，舍弃其非本质属性的思维过程，抽象是在对事物的属性做分析、综合、比较、概括的基础上进行的，它是认识事物本质、掌握事物内在规律的思维方法。

在数学教学中处理抽象与具体之间的关系时要注意两点：一方面，注重从具体出发抽象出一般规律，例如，讲授对数函数有关性质时，可先画出图象，观察图象并抽象出有关性质；另一方面，注重在抽象后形成一般规律指导具体问题的解决，例如，利用三角公式解决具体的三角形问题，利用向量性质解决具体的几何与物理问题。(具体问题可适当扩展)

2. 逻辑推理

逻辑推理是指从一些事实和命题出发，依据规则推出其他命题的素养。逻辑推理过程主要包括两类：一类是从特殊到一般的推理，推理形式主要有归纳、类比；一类是从一般到特殊的推理，推理形式主要有演绎。

逻辑推理是得到数学结论、构建数学体系的重要方式，是数学严谨性的基本保证，是人们在数学活动中进行交流的基本思维品质。

逻辑推理主要表现为：掌握推理基本形式和规则，发现问题和提出命题，探索和表述论证过程，理解命题体系，有逻辑地表达与交流。

通过高中数学课程的学习，学生能掌握逻辑推理的基本形式，学会有逻辑地思考问题；能够在比较复杂的情境中把握事物之间的关联，把握事物发展的脉络；形成重论据、有条理、合乎逻辑的思维品质和理性精神，增强交流能力。

思考题

17. 普通高中数学学科核心素养中的逻辑推理指的是什么？主要包括哪两类推理？推理形式都是什么？

18. 下面哪些推理形式属于从特殊到一般的推理？(　　)

A. 归纳　　B. 类比

C. 演绎　　D. 三段论

19. 下面哪些推理形式属于从一般到特殊的推理？(　　)

A. 归纳　　B. 类比

C. 三段论　　D. 二难推理

20. 下面哪一项不是普通高中数学学科核心素养中逻辑推理的主要表现?( )

A. 掌握推理形式和规则　　B. 发现问题和提出命题

C. 探索和表述论证过程　　D. 获得数学概念和规则

21. 如何理解数学的逻辑推理?请结合实例说明。

3. 数学建模

数学建模是对现实问题进行数学抽象,用数学语言表达问题、用数学方法构建模型解决问题的素养。数学建模过程主要包括:在实际情境中从数学的视角发现问题、提出问题,分析问题、建立模型,确定参数、计算求解,检验结果、改进模型,最终解决实际问题。

数学模型搭建了数学与外部世界联系的桥梁,是数学应用的重要形式。数学建模是应用数学解决实际问题的基本手段,也是推动数学发展的动力。

数学建模主要表现为:发现和提出问题,建立和求解模型,检验和完善模型,分析和解决问题。

通过高中数学课程的学习,学生能有意识地用数学语言表达现实世界,发现和提出问题,感悟数学与现实之间的关联;学会用数学模型解决实际问题,积累数学实践的经验;认识数学模型在科学、社会、工程技术诸多领域的作用,提升实践能力,增强创新意识和科学精神。

思考题

22. 普通高中数学学科核心素养之一是数学建模素养,数学建模素养主要有哪些内容?

23. 数学建模过程不包括( )。

A. 分析问题　　B. 数学抽象

C. 建立模型　　D. 检验结果

24. 普通高中数学学科核心素养中的数学建模素养的主要表现有( )。

A. 发现和提出问题　　B. 建立和求解模型

C. 检验和完善模型　　D. 分析和解决问题

25. 考试不考建模内容,是不是就没有必要学习建模了?结合《普通高中数学课程标准》(2017年版)的相关要求,谈谈你的看法。

4. 直观想象

直观想象是指借助几何直观和空间想象感知事物的形态与变化,利用空间形式特别是图形,理解和解决数学问题的素养。直观想象过程主要包括:借助空间形式认识事物的位置关系、形态变化与运动规律;利用图形描述、分析数学问题;建立形与数的联系,构建数学问题的直观模型,探索解决问题的思路。

直观想象是发现和提出问题、分析和解决问题的重要手段,是探索和形成论证思路、进行数学推理、构建抽象结构的思维基础。

直观想象主要表现为:建立形与数的联系,利用几何图形描述问题,借助几何直观理解问题,运用空间想象认识事物。

通过高中数学课程的学习，学生能提升数形结合的能力，发展几何直观和空间想象的能力；增强运用几何直观和空间想象思考问题的意识；形成数学直观，在具体的情境中感悟事物的本质。

思考题

26. 普通高中数学学科核心素养中的直观想象指的是什么？包括哪些内容？

27. 下面哪一项是发现和提出问题、分析和解决问题的重要手段？(　　)

A. 直观想象　　B. 数学抽象

C. 数学运算　　D. 数据分析

28. 普通高中数学学科核心素养中的直观想象素养的主要表现为(　　)。

A. 建立形与数的联系　　B. 利用几何图形描述问题

C. 借助几何直观理解问题　　D. 运用空间想象认识事物

29. 通过课程学习，直观想象素养达到的预期学习与教学目标是什么？

5. 数学运算

数学运算是指在明晰运算对象的基础上，依据运算法则解决数学问题的素养。数学运算过程主要包括：理解运算对象，掌握运算法则，探究运算思路，选择运算方法，设计运算程序，求得运算结果等。

数学运算是解决数学问题的基本手段。数学运算是演绎推理，是计算机解决问题的基础。

数学运算主要表现为：理解运算对象，掌握运算法则，探究运算思路，求得运算结果。

通过高中数学课程的学习，学生能进一步发展数学运算能力；有效借助运算方法解决实际问题；通过运算促进数学思维发展，形成规范化思考问题的品质，养成一丝不苟、严谨求实的科学精神。

思考题

30. 普通高中数学学科核心素养中的数学运算指的是什么？

31. 普通高中数学学科核心素养中的数学运算主要表现为(　　)。

A. 理解运算对象　　B. 掌握运算法则

C. 探究运算思路　　D. 选择运算方法

E. 设计运算程序　　F. 求得运算结果

32. 通过课程学习，数学运算素养达到的预期学习与教学目标是什么？

6. 数据分析

数据分析是指针对研究对象获取数据，运用数学方法对数据进行整理、分析和推断，形成关于研究对象知识的素养。数据分析过程主要包括：收集数据，整理数据，提取信息，构建模型，进行推断，获得结论。

数据分析是研究随机现象的重要数学技术，是大数据时代数学应用的主要方法，也是“互联网＋”相关领域的主要数学方法，数据分析已经深入到科学、技术、工程和现代社会生活的各个方面。

数据分析主要表现为：收集和整理数据，理解和处理数据，获得和解释结论，概括和形成知识。

通过高中数学课程的学习，学生能提升获取有价值信息并进行定量分析的意识和能力；适应数字化学习的需要，增强基于数据表达现实问题的意识，形成通过数据认识事物的思维品质；积累依托数据探索事物本质、关联和规律的活动经验。

思考题

33. 普通高中数学学科核心素养中的数据分析指的是什么？

34. 数据分析素养中的数据分析过程主要包括(　　)。

A. 收集数据　　B. 整理数据　　C. 提取信息

D. 构建模型　　E. 进行推断　　F. 获得结论

35. 数据分析的主要表现有哪些？

36. 通过课程学习，数据分析素养达到的预期学习与教学目标是什么？

二、学科核心素养的水平划分

数学学科的六个核心素养均划分为三个水平，具体要求如下。

1. 数学抽象

水平一：能够在熟悉的情境中直接抽象出数学概念和规则，能够在特例的基础上归纳并形成简单的数学命题，能够模仿学过的数学方法解决简单问题。

能够解释数学概念和规则的含义，了解数学命题的条件与结论，能够在熟悉的情境中抽象出数学问题。

能够了解用数学语言表达的推理和论证；能够在解决相似的问题中感悟数学的通性通法，体会其中的数学思想。

在交流的过程中，能够结合实际情境解释相关的抽象概念。

思考题

37. 对于普通高中数学学科核心素养中数学抽象水平的划分，不属于水平一的是(　　)。

A. 能够在熟悉的情境中直接抽象出数学概念和规则

B. 能够解释数学概念和规则的含义，了解数学命题的条件与结论，能够在熟悉的情境中抽象出数学问题

C. 能够了解用数学语言表达的推理和论证

D. 能够用恰当的例子解释抽象的数学概念和规则

水平二：能够在关联的情境中抽象出一般的数学概念和规则，能够将已知数学命题推广到更一般的情形，能够在新的情境中选择和运用数学方法解决问题。

能够用恰当的例子解释抽象的数学概念和规则；理解数学命题的条件与结论；能够理解和构建相关数学知识之间的联系。

能够理解用数学语言表达的概念、规则、推理和论证；能够提炼出解决一类问题的数

学方法，理解其中的数学思想。

在交流的过程中，能够用一般的概念解释具体现象。

思考题

38. 对于普通高中数学学科核心素养中数学抽象水平的划分，不属于水平二的是（　　）。

A. 理解数学命题的条件与结论

B. 在交流的过程中，能够用一般的概念解释具体现象

C. 能够在综合的情境中抽象出数学问题，并用恰当的数学语言予以表达

D. 能够用恰当的例子解释抽象的数学概念和规则

水平三：能够在综合的情境中抽象出数学问题，并用恰当的数学语言予以表达；能够在得到的数学结论基础上形成新命题；能够针对具体问题运用或创造数学方法解决问题。

能够通过数学对象、运算或关系理解数学的抽象结构，能够理解数学结论的一般性，能够感悟高度概括、有序多级的数学知识体系。

在现实问题中，能够把握研究对象的数学特征，并用准确的数学语言予以表达；能够感悟通性通法的数学原理和其中蕴含的数学思想。

在交流的过程中，能够用数学原理解释自然现象和社会现象。

思考题

39. 对于普通高中数学学科核心素养中数学抽象水平的划分，不属于水平三的是（　　）。

A. 在交流的过程中，能够用数学原理解释自然现象和社会现象

B. 能够理解和构建相关数学知识之间的联系

C. 能够感悟通性通法的数学原理和其中蕴含的数学思想

D. 在现实问题中，能够把握研究对象的数学特征，并用准确的数学语言予以表达

2. 逻辑推理

水平一：能够在熟悉的情境中，用归纳或类比的方法，发现数量或图形的性质、数量关系或图形关系。

能够在熟悉的数学内容中，识别归纳推理、类比推理、演绎推理；知道通过归纳推理、类比推理得到的结论是或然成立的，通过演绎推理得到的结论是必然成立的。能够通过熟悉的例子理解归纳推理、类比推理和演绎推理的基本形式。了解熟悉的数学命题的条件与结论之间的逻辑关系；掌握一些基本命题与定理的证明，并有条理地表述论证过程。

能够了解熟悉的概念、定理之间的逻辑关系。

能够在交流过程中，明确所讨论问题的内涵，有条理地表达观点。

思考题

40. 普通高中数学学科核心素养之一是逻辑推理，逻辑推理的形式有归纳推理、类比推理和演绎推理，哪种推理得到的结论是必然成立的（　　）。

A. 归纳推理　　　　B. 类比推理　　　　C. 演绎推理

41. 对于普通高中数学学科核心素养中逻辑推理水平的划分，不属于水平一的是(　　)。

A. 能够在熟悉的数学内容中，识别归纳推理、类比推理、演绎推理

B. 了解熟悉的数学命题的条件与结论之间的逻辑关系

C. 能够在关联的情境中，发现并提出数学问题，用数学语言予以表达

D. 能够了解熟悉的概念、定理之间的逻辑关系。

水平二：能够在关联的情境中，发现并提出数学问题，用数学语言予以表达；能够理解归纳、类比是发现和提出数学命题的重要途径。

能够对与学过的知识有关联的数学命题，通过对其条件与结论的分析，探索论证的思路，选择合适的论证方法予以证明，并能用准确的数学语言表述论证过程；能够通过举反例说明某些数学结论不成立。

能够理解相关概念、命题、定理之间的逻辑关系，初步建立网状的知识结构。

能够在交流的过程中，始终围绕主题，观点明确，论述有理有据。

思考题

42. 对于普通高中数学学科核心素养中逻辑推理水平的划分，不属于水平二的是(　　)。

A. 能够在综合的情境中，用数学的眼光找到合适的研究对象，提出有意义的数学问题

B. 能够理解相关概念、命题、定理之间的逻辑关系，初步建立网状的知识结构

C. 能够在交流的过程中，始终围绕主题，观点明确，论述有理有据

D. 能够通过举反例说明某些数学结论不成立

水平三：能够在综合的情境中，用数学的眼光找到合适的研究对象，提出有意义的数学问题。

能够掌握常用逻辑推理方法的规则，理解其中所蕴含的思想。对于新的数学问题，能够提出不同的假设前提，推断结论，形成数学命题。对于较复杂的数学问题，能够通过构建过渡性命题，探索论证的途径，解决问题，并会用严谨的数学语言表达论证过程。

能够理解建构数学体系的公理化思想。

能够合理地运用数学语言和思维进行跨学科的表达与交流。

思考题

43. 对于普通高中数学学科核心素养中逻辑推理水平的划分，不属于水平三的是(　　)。

A. 能够掌握常用逻辑推理方法的规则，理解其中所蕴含的思想

B. 能够理解建构数学体系的公理化思想

C. 能够合理地运用数学语言和思维进行跨学科的表达与交流

D. 能够通过举反例说明某些数学结论不成立

3. 数学建模

水平一：了解熟悉的数学模型的实际背景及其数学描述，了解数学模型中的参数、结

论的实际含义。

知道数学建模的过程包括：提出问题、建立模型、求解模型、检验结果、完善模型。能够在熟悉的实际情境中，模仿学过的数学建模过程解决问题。

对于学过的数学模型，能够举例说明建模的意义，体会其蕴含的数学思想；感悟数学表达对数学建模的重要性。

在交流的过程中，能够借助或引用已有数学建模的结果说明问题。

思考题

44. 对于普通高中数学学科核心素养中数学建模水平的划分，不属于水平一的是（　　）。

A. 在交流的过程中，能够用模型的思想说明问题

B. 对于学过的数学模型，能够举例说明建模的意义，体会其蕴含的数学思想

C. 感悟数学表达对数学建模的重要性

D. 在交流的过程中，能够借助或引用已有数学建模的结果说明问题

水平二：能够在熟悉的情境中，发现问题并转化为数学问题，知道数学问题的价值与作用。

能够选择合适的数学模型表达所要解决的数学问题；理解模型中参数的意义，知道如何确定参数、建立模型、求解模型；能够根据问题的实际意义检验结果，完善模型，解决问题。

能够在关联的情境中，经历数学建模的过程，理解数学建模的意义；能够运用数学语言，表述数学建模过程中的问题以及解决问题的过程和结果，形成研究报告，展示研究成果。

在交流的过程中，能够用模型的思想说明问题。

思考题

45. 对于普通高中数学学科核心素养中数学建模水平的划分，不属于水平二的是（　　）。

A. 能够在关联的情境中，经历数学建模的过程，理解数学建模的意义

B. 在交流的过程中，能够用模型的思想说明问题

C. 能够根据问题的实际意义检验结果，完善模型，解决问题

D. 能够运用数学建模的一般方法和相关知识，创造性地建立数学模型，解决问题

水平三：能够在综合的情境中，运用数学思维进行分析，发现情境中的数学关系，提出数学问题。

能够运用数学建模的一般方法和相关知识，创造性地建立数学模型，解决问题。

能够理解数学建模的意义和作用；能够运用数学语言，清晰、准确地表达数学建模的过程和结果。

在交流的过程中，能够通过数学建模的结论和思想阐释科学规律和社会现象。

思考题

46. 对于普通高中数学学科核心素养中数学建模水平的划分，不属于水平三的是(　　)。

A. 能够在综合的情境中，运用数学思维进行分析，发现情境中的数学关系，提出数学问题

B. 能够运用数学建模的一般方法和相关知识，创造性地建立数学模型，解决问题

C. 能够根据问题的实际意义检验结果，完善模型，解决问题

D. 在交流的过程中，能够通过数学建模的结论和思想阐释科学规律和社会现象

4. 直观想象

水平一：能够在熟悉的情境中，抽象出实物的几何图形，建立简单图形与实物之间的联系；体会图形与图形、图形与数量的关系。

能够在熟悉的数学情境中，借助图形的性质和变换(平移、对称、旋转)发现数学规律；能够描述简单图形的位置关系和度量关系及其特有性质。

能够通过图形直观认识数学问题；能够用图形描述和表达熟悉的数学问题、启迪解决这些问题的思路，体会数形结合。

能够在日常生活中利用图形直观地进行交流。

思考题

47. 对于普通高中数学学科核心素养中直观想象水平的划分，不属于水平一的是(　　)。

A. 能够在日常生活中利用图形直观地进行交流

B. 能够在关联情境中，想象并构建相应的几何图形

C. 能够通过图形直观认识数学问题

D. 能够用图形描述和表达熟悉的数学问题、启迪解决这些问题的思路，体会数形结合

水平二：能够在关联情境中，想象并构建相应的几何图形；能够借助图形提出数学问题，发现图形与图形、图形与数量之间的关系，探索图形的运动规律。

能够掌握研究图形与图形、图形与数量之间关系的基本方法，能够借助图形性质探索数学规律，解决实际问题或数学问题。

能够通过直观想象提出数学问题；能够用图形探索解决问题的思路；能够形成数形结合的思想，体会几何直观的作用和意义。

在交流的过程中，能够利用直观想象探讨数学问题。

思考题

48. 对于普通高中数学学科核心素养中直观想象水平的划分，不属于水平二的是(　　)。

A. 能够在关联情境中，想象并构建相应的几何图形

B. 能够通过直观想象提出数学问题

C. 在交流的过程中，能够利用直观想象探讨数学问题

D. 能够在综合情境中，借助图形，通过直观想象提出数学问题

水平三：能够在综合情境中，借助图形，通过直观想象提出数学问题。

能够综合利用图形与图形、图形与数量的关系，理解数学各分支之间的联系；能够借助直观想象建立数学与其他学科的联系，并形成理论体系的直观模型。

能够通过想象对复杂的数学问题进行直观表达，反映数学问题的本质，形成解决问题的思路。

在交流的过程中，能够利用直观想象探讨问题的本质及其与数学的联系。

思考题

49. 对于普通高中数学学科核心素养中直观想象水平的划分，不属于水平三的是（　　）。

A. 能够在关联情境中，想象并构建相应的几何图形

B. 能够综合利用图形与图形、图形与数量的关系，理解数学各分支之间的联系

C. 能够通过想象对复杂的数学问题进行直观表达，反映数学问题的本质，形成解决问题的思路

D. 能够在综合情境中，借助图形，通过直观想象提出数学问题

5. 数学运算

水平一：能够在熟悉的数学情境中了解运算对象，提出运算问题。

能够了解运算法则及其适用范围，正确进行运算；能够在熟悉的数学情境中，根据问题的特征形成合适的运算思路，解决问题。

在运算过程中，能够体会运算法则的意义和作用，能够运用运算验证简单的数学结论。

在交流的过程中，能够用运算的结果说明问题。

思考题

50. 对于普通高中数学学科核心素养中数学运算水平的划分，不属于水平一的是（　　）。

A. 能够在关联的情境中确定运算对象，提出运算问题

B. 能够在熟悉的数学情境中了解运算对象，提出运算问题

C. 在运算过程中，能够体会运算法则的意义和作用，能够运用运算验证简单的数学结论

D. 在交流的过程中，能够用运算的结果说明问题

水平二：能够在关联的情境中确定运算对象，提出运算问题。

能够针对运算问题，合理选择运算方法、设计运算程序，解决问题。

能够理解运算是一种演绎推理；能够在综合利用运算方法解决问题的过程中，体会程序思想的意义和作用。

在交流的过程中，能够借助运算探讨问题。

思考题

51. 对于普通高中数学学科核心素养中数学运算水平的划分，不属于水平二的是

(　　)。

A. 能够在关联的情境中确定运算对象,提出运算问题

B. 能够针对运算问题,合理选择运算方法、设计运算程序,解决问题

C. 在综合的情境中,能够把问题转化为运算问题,确定运算对象和运算法则,明确运算方向

D. 在交流的过程中,能够借助运算探讨问题

水平三:在综合的情境中,能够把问题转化为运算问题,确定运算对象和运算法则,明确运算方向。

能够对运算问题,构造运算程序,解决问题。

能够用程序思想理解与表达问题,理解程序思想与计算机解决问题的联系。

在交流的过程中,能够用程序思想理解和解释问题。

思考题

52. 对于普通高中数学学科核心素养中数学运算水平的划分,不属于水平三的是(　　)。

A. 能够对运算问题,构造运算程序,解决问题

B. 能够针对运算问题,合理选择运算方法、设计运算程序,解决问题

C. 在综合的情境中,能够把问题转化为运算问题,确定运算对象和运算法则,明确运算方向

D. 能够用程序思想理解与表达问题,理解程序思想与计算机解决问题的联系

6. 数据分析

水平一:能够在熟悉的情境中了解随机现象及简单的概率或统计问题。

能够对熟悉的概率问题,选择合适的概率模型,解决问题;能够对熟悉的统计问题,选择合适的抽样方法收集数据,掌握描述、刻画、分析数据的基本统计方法,解决问题。

能够结合熟悉的实例,体会概率是对随机现象发生可能性大小的度量,可以通过定义的方法得到,也可以通过统计的方法进行估计;能够用概率和统计的语言表达简单的随机现象。

在交流的过程中,能够用统计图表和简单概率模型解释熟悉的随机现象。

思考题

53. 对于普通高中数学学科核心素养中数据分析水平的划分,不属于水平一的是(　　)。

A. 能够在熟悉的情境中了解随机现象及简单的概率或统计问题

B. 能够在关联的情境中,识别随机现象,知道随机现象与随机变量之间的关联,发现并提出概率或统计问题

C. 在交流的过程中,能够用统计图表和简单概率模型解释熟悉的随机现象

D. 能够对熟悉的概率问题,选择合适的概率模型,解决问题

水平二:能够在关联的情境中,识别随机现象,知道随机现象与随机变量之间的关联,发现并提出概率或统计问题。

能够针对具体问题,选择离散型随机变量或连续型随机变量刻画随机现象,理解抽

样方法的统计意义,能够运用适当的概率或统计模型解决问题。

能够在运用统计方法解决问题的过程中,感悟归纳推理的思想,理解统计结论的意义;能够用概率或统计的思维来分析随机现象,用概率或统计模型表达随机现象的统计规律。

在交流的过程中,能够用数据呈现的规律解释随机现象。

思考题

54. 对于普通高中数学学科核心素养中数据分析水平的划分,不属于水平二的是(　　)。

A. 能够用概率或统计的思维来分析随机现象,用概率或统计模型表达随机现象的统计规律

B. 能够针对具体问题,选择离散型随机变量或连续型随机变量刻画随机现象,理解抽样方法的统计意义,能够运用适当的概率或统计模型解决问题

C. 在交流的过程中,能够用数据呈现的规律解释随机现象

D. 能够在综合的情境中,发现并提出随机问题

水平三:能够在综合的情境中,发现并提出随机问题。

能够针对不同的问题,综合或创造性地运用概率统计知识,构造相应的概率或统计模型,解决问题;能够分析随机现象的本质,发现随机现象的统计规律,形成新的知识。

能够理解数据分析在大数据时代的重要性;能够理解数据蕴含着信息,可以通过对信息的加工,得到数据所提供的知识和规律,并用概率或统计的语言予以表达。

在交流的过程中,能够辨明随机现象,并运用恰当的语言进行表述。

思考题

55. 对于普通高中数学学科核心素养中数据分析水平的划分,不属于水平三的是(　　)。

A. 能够用概率或统计的思维来分析随机现象,用概率或统计模型表达随机现象的统计规律

B. 能够在综合的情境中,发现并提出随机问题

C. 在交流的过程中,能够辨明随机现象,并运用恰当的语言进行表述

D. 能够分析随机现象的本质,发现随机现象的统计规律,形成新的知识

第三节　课程目标与课程结构

一、课程目标

通过高中数学课程的学习,学生能获得进一步学习以及未来发展所必需的数学基础知识、基本技能、基本思想、基本活动经验(简称"四基");提高从数学角度发现和提出问题的能力、分析和解决问题的能力(简称"四能")。

在学习数学和应用数学的过程中,学生能发展数学抽象、逻辑推理、数学建模、直观

想象、数学运算、数据分析等数学学科核心素养。

通过高中数学课程的学习，学生能提高学习数学的兴趣，增强学好数学的自信心，养成良好的数学学习习惯，发展自主学习的能力；树立敢于质疑、善于思考、严谨求实的科学精神；不断提高实践能力，提升创新意识；认识数学的科学价值、应用价值、文化价值和审美价值。

思考题

56. 下面哪一项不是“四基”的内容？(　　)

A. 基础知识　　B. 基本方法

C. 基本技能　　D. 基本活动经验

57. 下面哪一项不是“四能”的内容？(　　)

A. 发现和提出问题的能力

B. 分析和解决问题的能力

C. 理解和掌握问题的能力

58. 普通高中数学的课程目标是什么？

历年真题

【1.2】 (2016 年上)创新意识的培养是现代数学教育的基本任务，应体现在数学教与学的过程之中，下面的表述中不适合在教学中培养学生创新意识的是(　　)。

A. 发现和提出问题　　B. 寻求解决问题的不同策略

C. 规范数学书写　　D. 探索结论的新应用

参考答案：

本题答案选 C。

二、课程结构

(一) 设计依据

(1) 依据高中数学课程理念，实现“人人都能获得良好的数学教育，不同的人在数学上得到不同的发展”，促进学生数学学科核心素养的形成和发展。

(2) 依据高中课程方案，借鉴国际经验，体现课程改革成果，调整课程结构，改进学业质量评价。

(3) 依据高中数学课程性质，体现课程的基础性、选择性和发展性，为全体学生提供共同基础，为满足学生的不同志趣和发展提供丰富多样的课程。

(4) 依据数学学科特点，关注数学逻辑体系、内容主线、知识之间的关联，重视数学实践和数学文化。

思考题

59. 普通高中数学课程的设计依据有哪些？

(二) 结构

高中数学课程分为必修课程、选择性必修课程和选修课程。高中数学课程内容突出函数、几何与代数、概率与统计、数学建模活动与数学探究活动四条主线，它们贯穿必修、选择性必修和选修课程。数学文化融入课程内容。高中数学课程结构如图 1.1 所示。

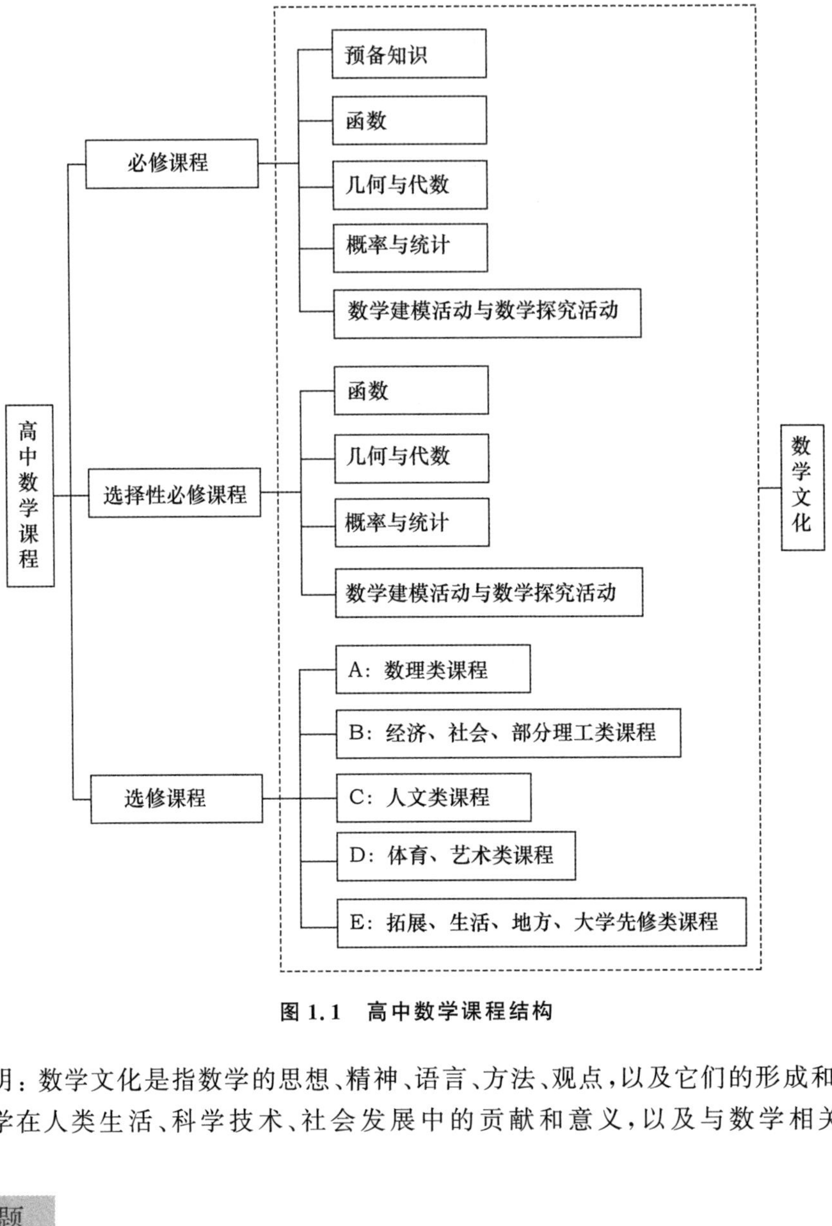

图 1.1　高中数学课程结构

说明：数学文化是指数学的思想、精神、语言、方法、观点，以及它们的形成和发展；还包括数学在人类生活、科学技术、社会发展中的贡献和意义，以及与数学相关的人文活动。

思考题

60. 下面哪项不属于普通高中数学课程四条主线的内容？（　　）

A. 函数　　　　B. 图形与几何

C. 概率与统计　　　　D. 数学建模活动与数学探究活动

61. 普通高中数学课程中的数学文化指的是什么？

62. 结合实例简述如何在教学中关注数学的文化价值，促进学生科学观的形成。

答案解析：

在教学中，应尽可能结合高中数学课程的内容，介绍一些对数学发展起重大作用的历史事件和人物,反映数学在人类社会进步、人类文明建设中的作用,同时也反映社会发展对数学发展的促进作用。例如,教师在几何部分的教学中,可以向学生介绍欧几里得建立公理体系的思想方法,及其对人类理性思想、数学发展、科学发展、社会进步的重大影响;在解析几何、微积分部分的教学中,可以向学生介绍笛卡儿建立解析几何,牛顿、莱布尼茨创立微积分的历史,以及他们在文艺复兴后对科学、社会、人类思想进步的推动作用;在有关数系的教学中,可以向学生介绍数系的发展和扩充过程,让学生感受数学内部动力、外部动力及人类理性思想对数系产生和发展的作用。

(三) 学分与选课

1. 学分设置

必修课程 8 学分,选择性必修课程 6 学分,选修课程 6 学分。

选修课程的分类、内容及学分如下。

A 类课程包括微积分、空间向量与代数、概率与统计三个专题,其中微积分 2.5 学分,空间向量与代数 2 学分,概率与统计 1.5 学分。供有志于学习数理类(如数学、物理、计算机、精密仪器等)专业的学生选择。

B 类课程包括微积分、空间向量与代数、应用统计、模型四个专题,其中微积分 2 学分,空间向量与代数 1 学分,应用统计 2 学分,模型 1 学分。供有志于学习经济、社会类(如数理经济、社会学等)和部分理工类(如化学、生物、机械等) 专业的学生选择。

C 类课程包括逻辑推理初步、数学模型、社会调查与数据分析三个专题,每个专题 2 学分。供有志于学习人文类(如语言、历史等)专业的学生选择。

D 类课程包括美与数学、音乐中的数学、美术中的数学、体育运动中的数学四个专题,每个专题 1 学分。供有志于学习体育、艺术(包括音乐、美术) 类等专业的学生选择。

E 类课程包括拓展视野、日常生活、地方特色的数学课程,还包括大学数学先修课程等。大学数学先修课程包括三个专题:微积分、解析几何与线性代数、概率论与数理统计,每个专题 6 学分。

思考题

63. 普通高中数学选修课程有几类? 内容分别是什么? 目标学生定位分别是什么?

64. 下面哪个领域不属于大学数学先修课程的专题? (　　)

A. 微积分　　　　B. 解析几何与线性代数

C. 概率论与数理统计　　　　D. 复变函数

2. 课程定位

必修课程为学生发展提供共同基础,是高中毕业的数学学业水平考试的内容要求,也是高考的内容要求。

选择性必修课程是供学生选择的课程,也是高考的内容要求。

选修课程为学生确定发展方向提供引导,为学生展示数学才能提供平台,为学生发展数学兴趣提供选择,为大学自主招生提供参考。

思考题

65. 普通高中数学课程中的必修课程、选择性必修课程和选修课程的定位都是什么?

3. 选课说明

如果学生以高中毕业为目标，可以只学习必修课程，参加高中毕业的数学学业水平考试。

如果学生计划通过参加高考进入高等学校学习，必须学习必修课程和选择性必修课程，参加数学高考。

如果学生在上述选择的基础上，还希望多学习一些数学课程，可以在选择性必修课程或选修课程中，根据自身未来发展的需求进行选择。

在选修课程中可以选择某一类课程，例如，A 类课程；也可以选择某类课程中的某个专题，例如，E 类大学先修课程中的微积分；还可以选择某些专题的组合，例如，D 类课程中的美与数学、C 类课程中的社会调查与数据分析等。

第四节　课程内容(一)——必修课程

必修课程包括五个主题，分别是预备知识、函数、几何与代数、概率与统计、数学建模活动与数学探究活动。数学文化融入课程内容。必修课程共 8 学分 144 课时。

思考题

66. 普通高中数学必修课程包括几个主题？分别是什么？

一、预备知识

以义务教育阶段数学课程内容为载体，结合集合、常用逻辑用语、相等关系与不等关系、从函数观点看一元二次方程和一元二次不等式等内容的学习，为高中数学课程做好学习心理、学习方式和知识技能等方面的准备，帮助学生完成初高中数学学习的过渡。

（一）内容要求

内容包括：集合、常用逻辑用语、相等关系与不等关系、从函数观点看一元二次方程和一元二次不等式。

思考题

67. 普通高中数学必修课程的预备知识包括什么内容？

1. 集合

在高中数学课程中，集合是刻画一类事物的语言和工具。本单元的学习，可以帮助学生使用集合的语言简洁、准确地表述数学的研究对象，学会用数学的语言表达和交流，积累数学抽象的经验。

内容包括：集合的概念与表示、集合的基本关系、集合的基本运算。

(1) 集合的概念与表示。

① 通过实例，了解集合的含义，理解元素与集合的属于关系。

② 针对具体问题，能在自然语言和图形语言的基础上，用符号语言刻画集合。

③ 在具体情境中，了解全集与空集的含义。

(2) 集合的基本关系。

理解集合之间包含与相等的含义,能识别给定集合的子集。

(3) 集合的基本运算。

① 理解两个集合的并集与交集的含义,能求两个集合的并集与交集。

② 理解在给定集合中一个子集的补集的含义,能求给定子集的补集。

③ 能使用Venn图表达集合的基本关系与基本运算,体会图形对理解抽象概念的作用。

思考题

68. 普通高中数学必修课程“集合”部分包括什么内容?每一部分内容的具体要求是什么?

2. 常用逻辑用语

常用逻辑用语是数学语言的重要组成部分,是数学表达和交流的工具,是逻辑思维的基本语言。本单元的学习,可以帮助学生使用常用逻辑用语表达数学对象、进行数学推理,体会常用逻辑用语在表述数学内容和论证数学结论中的作用,提高交流的严谨性与准确性。

内容包括:必要条件、充分条件、充要条件,全称量词与存在量词,全称量词命题与存在量词命题的否定。

(1) 必要条件、充分条件、充要条件。

① 通过对典型数学命题的梳理,理解必要条件的意义,理解性质定理与必要条件的关系。

② 通过对典型数学命题的梳理,理解充分条件的意义,理解判定定理与充分条件的关系。

③ 通过对典型数学命题的梳理,理解充要条件的意义,理解数学定义与充要条件的关系。

(2) 全称量词与存在量词。

通过已知的数学实例,理解全称量词与存在量词的意义。

(3) 全称量词命题与存在量词命题的否定。

① 能正确使用存在量词对全称量词命题进行否定。

② 能正确使用全称量词对存在量词命题进行否定。

思考题

69. 普通高中数学必修课程“常用逻辑用语”部分包括什么内容?每一部分内容的具体要求是什么?

3. 相等关系与不等关系

相等关系、不等关系是数学中最基本的数量关系,是构建方程、不等式的基础。本单元的学习,可以帮助学生通过类比,理解等式和不等式的共性与差异,掌握基本不等式。

内容包括:等式与不等式的性质、基本不等式。

(1) 等式与不等式的性质。

梳理等式的性质,理解不等式的概念,掌握不等式的性质。

(2) 基本不等式。

掌握基本不等式 $\sqrt{ab}\leqslant\frac{a+b}{2}(a,b\geqslant 0)$。结合具体实例,能用基本不等式解决简单的最大值或最小值的问题。

思考题

70. 普通高中数学必修课程"相等关系与不等关系"部分包括什么内容?每一部分内容的具体要求是什么?

4. 从函数观点看一元二次方程和一元二次不等式

用函数理解方程和不等式是数学的基本思想方法。本单元的学习,可以帮助学生用一元二次函数认识一元二次方程和一元二次不等式。通过梳理初中数学的相关内容,理解函数、方程和不等式之间的联系,体会数学的整体性。

内容包括:从函数观点看一元二次方程、从函数观点看一元二次不等式。

(1) 从函数观点看一元二次方程。

会结合一元二次函数的图象,判断一元二次方程实根的存在性及实根的个数,了解函数的零点与方程根的关系。

(2) 从函数观点看一元二次不等式。

① 经历从实际情境中抽象出一元二次不等式的过程,了解一元二次不等式的现实意义。能借助一元二次函数求解一元二次不等式,并能用集合表示一元二次不等式的解集。

② 借助一元二次函数的图象,了解一元二次不等式与相应函数、方程的联系。

(二) 教学提示

初中阶段数学知识相对具体,高中阶段数学知识相对抽象。教师应针对这一特征帮助学生完成从初中到高中数学学习的过渡,包括知识与技能、方法与习惯、能力与态度等方面。

在集合、常用逻辑用语的教学中,教师应创设合适的教学情境,以义务教育阶段学过的数学内容为载体,引导学生用集合语言和常用逻辑用语梳理、表达学过的相应数学内容。应引导学生理解属于关系是集合的基本关系,了解元素 A 与元素 A 组成的集合 $\{A\}$ 的差异,即 $A\in\{A\}$,A 与 $\{A\}$ 不相同。在梳理过程中,可以针对学生的实际布置不同的任务,采用自主学习与合作学习相结合的方式组织教学活动。

在相等关系与不等关系的教学中,应引导学生通过类比学过的等式与不等式的性质,进一步探索等式与不等式的共性与差异。

在从函数观点看一元二次方程和一元二次不等式的教学中,可以先以讨论具体的一元二次函数变化情况为情境,引导学生发现一元二次函数与一元二次方程的关系,引出一元二次不等式概念;然后进一步引导学生探索一般的一元二次函数与一元二次方程、一元二次不等式的关系,归纳总结出用一元二次函数解一元二次不等式的程序。

教学中,要根据内容的定位和教育价值,关注数学学科核心素养的培养。要让学生逐渐养成借助直观理解概念,进行逻辑推理的思维习惯,以及独立思考、合作交流的学习习惯,引导学生感悟高中阶段数学课程的特征,适应高中阶段的数学学习。

思考题

71. 在从函数观点看一元二次方程和一元二次不等式的教学中,教师应如何进行一步步的引导?

(三)学业要求

能够在现实情境或数学情境中,概括出数学对象的一般特征,并用集合语言予以表达。初步学会用三种语言(自然语言、图形语言、符号语言)表达数学研究对象,并能进行转换。掌握集合的基本关系与基本运算。

能够借助常用逻辑用语进行数学表达、论证和交流,体会常用逻辑用语在数学中的作用。

能够从函数观点认识方程和不等式,感悟数学知识之间的关联,认识函数的重要性。掌握等式与不等式的性质。

重点提升数学抽象、逻辑推理和数学运算素养。

思考题

72. 表达数学研究对象的三种语言不包括(　　)。

A. 自然语言　　B. 图形语言

C. 表格语言　　D. 符号语言

73. 普通高中数学必修课程"预备知识"部分的学习能够提升学生的哪些数学学科核心素养?

二、函数

函数是现代数学最基本的概念,是描述客观世界中变量关系和规律的最为基本的数学语言和工具,在解决实际问题中发挥重要作用。函数是贯穿高中数学课程的主线。

思考题

74. 下列哪一项是贯穿普通高中数学课程的主线(　　)。

A. 函数　　B. 几何与代数

C. 概率与统计　　D. 数学建模活动与数学探究活动

(一)内容要求

内容包括:函数概念与性质,幂函数、指数函数、对数函数,三角函数,函数应用。

思考题

75. 普通高中数学必修课程"函数"部分包括什么内容?

1. 函数概念与性质

本单元的学习,可以帮助学生建立完整的函数概念,不仅把函数理解为刻画变量之间依赖关系的数学语言和工具,也把函数理解为实数集合之间的对应关系;能用代数运算和函数图象揭示函数的主要性质;在现实问题中,能利用函数构建模型,解决问题。

内容包括：函数概念、函数性质、* 函数的形成与发展①。

(1) 函数概念。

① 在初中用变量之间的依赖关系描述函数的基础上，用集合语言和对应关系刻画函数，建立完整的函数概念，体会集合语言和对应关系在刻画函数概念中的作用。了解构成函数的要素，能求简单函数的定义域。

② 在实际情境中，会根据不同的需要选择恰当的方法（如图象法、列表法、解析法）表示函数，理解函数图象的作用。

③ 通过具体实例，了解简单的分段函数，并能简单应用。

(2) 函数性质。

① 借助函数图象，会用符号语言表达函数的单调性、最大值、最小值，理解它们的作用和实际意义。

② 结合具体函数，了解奇偶性的概念和几何意义。

③ 结合三角函数，了解周期性的概念和几何意义。

历年真题

【1.3】 (2017 年上)请解释“了解函数奇偶性”的具体含义。

参考答案：

行为动词“了解”的含义：从具体实例中知道或举例说明对象的有关特征；根据对象的特征，从具体情境中辨认或举例说明对象。“了解函数奇偶性”的含义是，首先学生能够知道函数奇偶性的定义，知道奇函数定义域关于原点对称，函数图象关于原点对称，满足 $f(-x)=-f(x)$；偶函数定义域关于原点对称，函数图象关于 y 轴对称，满足 $f(-x)=f(x)$。其次学生能够通过解析式或图象判断函数的奇偶性，判断哪些函数是奇函数，哪些函数是偶函数，以及非奇非偶函数，并能够举出一些函数奇偶性的例子。

(3) * 函数的形成与发展。

收集、阅读函数的形成与发展的历史资料，撰写小论文，论述函数发展的过程、重要结果、主要人物、关键事件及其对人类文明的贡献。

思考题

76. 普通高中数学必修课程“函数概念与性质”部分包括什么内容？每一部分内容的具体要求是什么？

2. 幂函数、指数函数、对数函数

幂函数、指数函数与对数函数是最基本的、应用最广泛的函数，是进一步学习数学的基础。本单元的学习，可以帮助学生学会用函数图象和代数运算的方法研究这些函数的性质；理解这些函数中所蕴含的运算规律；运用这些函数建立模型，解决简单的实际问题，体会这些函数在解决实际问题中的作用。

内容包括：幂函数、指数函数、对数函数。

---

① 标有 * 的内容为选学内容，不作为考试要求。

(1) 幂函数。

通过具体实例,结合 $y=x,y=\frac{1}{x},y=x^2,y=\sqrt{x},y=x^3$ 的图象,理解它们的变化规律,了解幂函数。

(2) 指数函数。

① 通过对有理数指数幂 $a^{\frac{m}{n}}(a>0$,且 $a\neq1,m,n$ 为整数,且 $n>0)$、实数指数幂 $a^x(a>0$,且 $a\neq1,x\in\mathbf{R})$含义的认识,了解指数幂的拓展过程,掌握指数幂的运算性质。

② 通过具体实例,了解指数函数的实际意义,理解指数函数的概念。

③ 能用描点法或借助计算工具画出具体指数函数的图象,探索并理解指数函数的单调性与特殊点。

(3) 对数函数。

① 理解对数的概念和运算性质,知道用换底公式能将一般对数转化成自然对数或常用对数。

② 通过具体实例,了解对数函数的概念。能用描点法或借助计算工具画出具体对数函数的图象,探索并了解对数函数的单调性与特殊点。

③ 知道对数函数 $y=\log_a x$ 与指数函数 $y=a^x$ 互为反函数$(a>0$,且 $a\neq1)$。

④ * 收集、阅读对数概念的形成与发展的历史资料,撰写小论文,论述对数发明的过程以及对数对简化运算的作用。

3. 三角函数

三角函数是一类最典型的周期函数。本单元的学习,可以帮助学生在用锐角三角函数刻画直角三角形中边角关系的基础上,借助单位圆建立一般三角函数的概念,体会引入弧度制的必要性;用几何直观和代数运算的方法研究三角函数的周期性、奇偶性(对称性)、单调性和最大(小)值等性质;探索和研究三角函数之间的一些恒等关系;利用三角函数构建数学模型,解决实际问题。

内容包括:角与弧度、三角函数概念和性质、同角三角函数的基本关系式、三角恒等变换、三角函数应用。

(1) 角与弧度。

了解任意角的概念和弧度制,能进行弧度与角度的互化,体会引入弧度制的必要性。

(2) 三角函数概念和性质。

① 借助单位圆理解三角函数(正弦、余弦、正切)的定义,能画出这些三角函数的图象,了解三角函数的周期性、单调性、奇偶性、最大(小)值。借助单位圆的对称性,利用定义推导出诱导公式$\left(\alpha\pm\frac{\pi}{2},\alpha\pm\pi\right.$ 的正弦、余弦、正切$\left.\right)$。

② 借助图象理解正弦函数、余弦函数在$[0,2\pi]$上,正切函数在$\left(-\frac{\pi}{2},\frac{\pi}{2}\right)$上的性质。

③ 结合具体实例,了解 $y=A\sin(\omega x+\varphi)$的实际意义;能借助图象理解参数 ω,φ,A 的意义,了解参数的变化对函数图象的影响。

(3) 同角三角函数的基本关系式。

理解同角三角函数的基本关系式:$\sin^2x+\cos^2x=1,\frac{\sin x}{\cos x}=\tan x$。

(4) 三角恒等变换。

① 经历推导两角差余弦公式的过程,知道两角差余弦公式的意义。

② 能从两角差的余弦公式推导出两角和与差的正弦、余弦、正切公式,二倍角的正弦、余弦、正切公式,了解它们的内在联系。

③ 能运用上述公式进行简单的恒等变换(包括推导出积化和差、和差化积、半角公式,这三组公式不要求记忆)。

(5) 三角函数应用。

会用三角函数解决简单的实际问题,体会可以利用三角函数构建、刻画事物周期变化的数学模型。

思考题

77. 普通高中数学必修课程"三角函数"部分包括什么内容?每一部分内容的具体要求是什么?

历年真题

【1.4】 (2014年上)图1.2所示的框图反映了三角函数与其他学科内容之间的关系,请用恰当的词语补充完整。

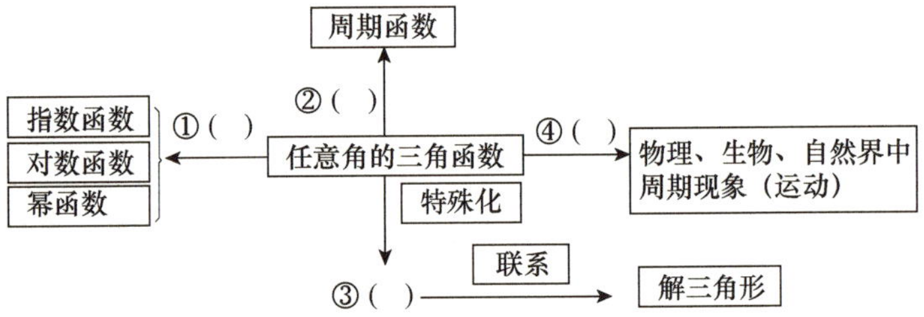

图1.2 三角函数与其他学科内容之间的关系

参考答案:

① 基本初等函数;② 性质;③ 锐角三角函数;④ 应用。

4. 函数应用

函数应用不仅体现在用函数解决数学问题上,更重要的是用函数解决实际问题。本单元的学习,可以帮助学生掌握运用函数性质求方程近似解的基本方法(二分法);理解用函数构建数学模型的基本过程;运用模型思想发现和提出问题、分析和解决问题。

内容包括:二分法与求方程近似解、函数与数学模型。

(1) 二分法与求方程近似解。

① 结合学过的函数图象,了解函数零点与方程解的关系。

② 结合具体连续函数及其图象特点,了解函数零点存在定理,探索用二分法求方程近似解的思路并会画程序框图,能借助计算工具用二分法求方程近似解,了解用二分法求方程近似解具有一般性。

(2) 函数与数学模型。

① 理解函数模型是描述客观世界中变量关系和规律的重要数学语言和工具。在实

际情境中,会选择合适的函数类型刻画现实问题的变化规律。

② 结合现实情境中的具体问题,利用计算工具,比较对数函数、一元一次函数、指数函数增长速度的差异,理解"对数增长""直线上升""指数爆炸"等术语的现实含义。

③ 收集、阅读一些现实生活、生产实际或者经济领域中的数学模型,体会人们是如何借助函数刻画实际问题的,感悟数学模型中参数的现实意义。

思考题

78. 高中数学必修课程"函数应用"部分包括什么内容?每一部分内容的具体要求是什么?

历年真题

【1.5】 (2013年下)阐述用二分法求方程近似解的适用范围及步骤,并说明高中数学新课程中引入二分法的意义。

参考答案:

二分法适用于连续函数且区间内只有一个零点的情况。

步骤:给定精确度 ξ,用二分法求函数 $f(x)$ 零点近似值。

1. 确定区间 $[a,b]$,验证 $f(a)<0$,$f(b)>0$,给定精准度 ξ。

2. 求区间 (a,b) 的中点 c。

3. 计算 $f(c)$。

(1) 若 $f(c)=0$,则 c 就是函数的零点。

(2) 若 $f(c)>0$,则有解区间为 $[a,c]$。

(3) 若 $f(c)<0$,则有解区间为 $[c,b]$。

4. 判断新的有解区间是否达到精确度 ξ,若达到,则得到零点近似值为新区间的端点中的任何一个值:若未达到,则取新区间的中点值重复步骤2和步骤3,直至达到精确度 ξ。

高中数学新课程中引入二分法的意义是:二分法是求方程近似解的常用方法,从中可体会函数与方程之间的联系。它既是对函数知识的拓展,又体现了函数在解方程中的重要应用,同时也为学习高中数学中函数与方程思想、数形结合思想、二分法的算法思想打下了基础,因此在高中数学新课程有重要意义。

(二)教学提示

教师应把本主题的内容视为一个整体,引导学生从变量之间的依赖关系、实数集合之间的对应关系、函数图象的几何直观等角度整体认识函数概念;通过梳理函数的单调性、周期性、奇偶性(对称性)、最大(小)值等,认识函数的整体性质;经历运用函数解决实际问题的全过程。

函数概念的引入,可以用学生熟悉的例子为背景进行抽象。例如,可以从学生已知的、基于变量关系的函数定义入手,引导学生通过生活或数学中的问题,构建函数的一般概念,体会用对应关系定义函数的必要性,感悟数学抽象的层次。

函数单调性的教学,要引导学生正确使用符号语言清晰地刻画函数的性质。在函数定义域、值域以及函数性质的教学过程中，应避免编制偏题、怪题，避免烦琐的技巧训练。

指数函数的教学，应关注指数函数的运算法则和变化规律，引导学生经历从整数指数到有理指数幂，再到实数指数幂的拓展过程，掌握指数函数的运算法则和变化规律。

对数函数的教学，应通过比较同底数的指数函数和对数函数（例如，$y=2^x$ 和 $y=\log_2 x$），认识它们互为反函数。

三角函数的教学，应发挥单位圆的作用，引导学生结合实际情境，借助单位圆的直观，探索三角函数的有关性质。在三角恒等变换的教学中，可以采用不同的方式得到三角恒等变换基本公式；也可以在向量的学习中，引导学生利用向量的数量积推导出两角差的余弦公式。

函数应用的教学，要引导学生理解如何用函数描述客观世界事物的变化规律，体会幂函数、指数函数、对数函数、三角函数等函数与现实世界的密切联系。

鼓励学生运用信息技术学习、探索和解决问题。例如，利用计算器、计算机画出幂函数、指数函数、对数函数、三角函数等的图象，探索、比较它们的变化规律，研究函数的性质，求方程的近似解等。

可以组织学生收集、阅读函数的形成与发展的历史资料，结合内容撰写报告，论述函数发展的过程、重要结果、主要人物、关键事件及其对人类文明的贡献。

思考题

79. 教师应如何引导学生学习函数的概念？

历年真题

【1.6】 (2016 年下)函数单调性既是刻画函数变化规律的重要概念，也是函数的一个重要性质。

(1) 请叙述函数严格单调递增的定义，并结合函数单调性的定义，说明中学数学课程中函数单调性与哪些内容有关(至少列举两项内容)。

(2) 请列举至少两种研究函数单调性的方法，并分别简要说明其特点。

参考答案：

(1) 设 $f(x)$ 为定义在 D 上的函数，任意的 $x_1, x_2 \in D$，若 $x_1 > x_2$，就有 $f(x_1) > f(x_2)$，则称函数 $f(x)$ 为 D 上的严格单调递增函数。函数单调性的概念是研究具体函数单调性的依据，在研究函数的值域、定义域、最大值、最小值等性质中有重要应用(内部)；在解不等式、证明不等式、数列的性质等其他数学内容的研究中也有重要的应用(外部)。可见，不论在函数内部还是在函数外部，函数的单调性都有重要应用，因而在数学中具有核心地位。

(2) 定义法：定义域中任意 x_1, x_2，若 $x_1 > x_2$，有 $f(x_1) > f(x_2)$ (或 $f(x_1) < f(x_2)$)，则称函数 $f(x)$ 在定义域上严格单调递增(或递减)。定义法判断函数单调性比较适用于对定义域内任意两个数 x_1, x_2，当 $x_1 > x_2$，容易得出 $f(x_1)$ 与 $f(x_2)$ 大小关系的函数。在解决问题时，定义法是最直接的方法，这种方法思路比较清晰，但是对待一些不太容易判断出 $f(x_1) - f(x_2)$ 正负的情况，用定义法解析比较麻烦。

导数法：一般先确定函数的定义域，求出原函数的导数 $f'(x)$，若导数 $f'(x)\geqslant 0$，则函数在定义域内单调递增，反之则单调递减。导数法适用于函数在其定义域内可导且能判断导函数与零的大小关系的情形。针对定义法解决不了或者用定义法解题相对比较烦琐的题型，用导数法解题就会比较简单。导数法提供了一种重要的解题思想。

（三）学业要求

能够从两个变量之间的依赖关系、实数集合之间的对应关系、函数图象的几何直观等多个角度，理解函数的意义与数学表达；理解函数符号表达与抽象定义之间的关联，知道函数抽象概念的意义。

能够理解函数的单调性、最大（小）值，了解函数的奇偶性、周期性；掌握一些基本函数类（一元一次函数、反比例函数、一元二次函数、幂函数、指数函数、对数函数、三角函数等）的背景、概念和性质。

能够对简单的实际问题，选择适当的函数构建数学模型，解决问题；能够从函数观点认识方程，并运用函数的性质求方程的近似解；能够从函数观点认识不等式，并运用函数的性质解不等式。

重点提升数学抽象、数学建模、数学运算、直观想象和逻辑推理素养。

思考题

80. 普通高中数学必修课程“函数”部分能够提升学生的哪些数学学科核心素养？

三、几何与代数

几何与代数是高中数学课程的主线之一。在必修课程与选择性必修课程中，突出几何直观与代数运算之间的融合，即通过形与数的结合，感悟数学知识之间的关联，加强对数学整体性的理解。

（一）内容要求

内容包括：平面向量及其应用、复数、立体几何初步。

思考题

81. 普通高中数学必修课程“几何与代数”部分的内容不包括（　　）。

A. 平面向量及应用　　B. 空间向量

C. 复数　　D. 立体几何初步

1. 平面向量及其应用

向量理论具有深刻的数学内涵、丰富的物理背景。向量既是代数研究对象，也是几何研究对象，是沟通几何与代数的桥梁。向量是描述直线、曲线、平面、曲面以及高维空间数学问题的基本工具，是进一步学习和研究其他数学领域问题的基础，在解决实际问题中发挥重要作用。本单元的学习，可以帮助学生理解平面向量的几何意义和代数意义；掌握平面向量的概念、运算、向量基本定理及向量的应用；用向量语言、方法表述和解决现实生活、数学和物理中的问题。

内容包括：向量概念、向量运算、向量基本定理及坐标表示、向量应用与解三角形。

（1）向量概念。

① 通过对力、速度、位移等的分析，了解平面向量的实际背景，理解平面向量的意义和两个向量相等的含义。

② 理解平面向量的几何表示和基本要素。

（2）向量运算。

① 借助实例和平面向量的几何表示，掌握平面向量加、减运算及运算规则，理解其几何意义。

② 通过实例分析，掌握平面向量数乘运算及运算规则，理解其几何意义。理解两个平面向量共线的含义。

③ 了解平面向量的线性运算性质及其几何意义。

④ 通过物理中功等实例，理解平面向量数量积的概念及其物理意义，会计算平面向量的数量积。

⑤ 通过几何直观，了解平面向量投影的概念以及投影向量的意义。

⑥ 会用数量积判断两个平面向量的垂直关系。

（3）向量基本定理及坐标表示。

① 理解平面向量基本定理及其意义。

② 借助平面直角坐标系，掌握平面向量的正交分解及坐标表示。

③ 会用坐标表示平面向量的加、减运算与数乘运算。

④ 能用坐标表示平面向量的数量积，会表示两个平面向量的夹角。

⑤ 能用坐标表示平面向量共线、垂直的条件。

（4）向量应用与解三角形。

① 会用向量方法解决简单的平面几何问题、力学问题及其他实际问题，体会向量在解决数学和实际问题中的作用。

② 借助向量的运算，探索三角形边长与角度的关系，掌握余弦定理、正弦定理。

③ 能用余弦定理、正弦定理解决简单的实际问题。

思考题

82. 向量理论对解决数学问题有什么帮助？

83. 普通高中数学必修课程“平面向量及其应用”部分包括什么内容？每一部分内容的具体要求是什么？

84. 为什么说向量改变了普通高中数学内容的结构？

答案解析：

向量是近代数学中重要的数学概念之一，是沟通代数和几何的一种工具。向量作为一个既有方向又有大小的量，在现代数学的发展中起着不可替代的作用，向量运算及其规律作为代数学的基本研究对象，贯穿高中数学内容的始终。向量可以进行多种运算，并具有一系列丰富的性质，和数的运算相比，向量运算不仅扩充了运算的对象，还扩充了运算的性质。运算对象的不断扩展是数学发展的一条重要线索。从小学开始，学生所接触的运算对象就在不断扩展，从整数到分数，从正数到负数，从有理数到实数、复数，从数到字母、多项式等。数运算，字母、多项式运算，向量运算，函数、映射、变换运算，矩阵运算等都是数学中的基本运算。从数运算到字母运算，是运算的一次飞跃；从数运算到向量运算，是运算的又一次飞跃。

从几何的角度来看，向量可以用来表示空间中的点、线、面。例如，如果以坐标系原点为起点，向量就与空间中的点建立了一一对应关系，在高维空间中，这种表示十分有用。因此，向量可以描述、刻画替代立体几何中的基本研究对象——点、线、面。用向量可讨论空间中点、线、面之间的位置关系；判断线线、线面、面面的平行与垂直；计算长度、角度、面积等。

由此可见，向量扩展了高中数学的运算，丰富了图形的研究方法，为学生今后进一步学习其他数学内容、体会数学的真谛奠定了基础。

历年真题

【1.7】 (2015 年下)举例说明向量内容的学习对高中生理解数学运算的作用。

参考答案：

向量是高中数学引入的一个新概念。利用向量的定义、定理、性质及有关公式，可以简化解题过程，提高学生对数学运算理解的层次。学生最初接触的运算都是数与数之间的运算，而向量运算涉及的数学元素更多，如实数、字母，以及向量，甚至还可以把几何图形加入运算当中，这是对数学运算层次的一个提高。同时向量运算也体现了不同的数学思想，比如在解析几何中，向量运算既有代数意义又有几何意义。

一、向量在代数中的应用。根据复数的几何意义，在复平面上可以用向量来表示复数。这样复数的加减法就可以看成是向量的加减，复数的乘除法可以用向量的旋转和数乘得到。学习了向量，复数事实上已没有太多的实质性内容，因而作为选学内容也就不难理解了。另外，向量所建立的数形对应也可用来证明代数中的一些恒等式、不等式问题，只要建立一定的数学模型，就可以较灵活地给出证明方法。

二、向量在三角中的应用。当利用单位圆来研究三角函数的几何意义时，就是利用平面向量来表示三角函数。利用向量的有关知识可以导出部分诱导公式。由于用向量解决问题时常常是从三角形入手的，因而在解决有关三角形的问题时，向量发挥了重要作用，一个最有力的证据就是教材中所提供的余弦定理的证明：只要对根据向量三角形得出的关系式的两边平方，就可利用向量的运算性质得出要证的结论，比用综合法证明要简便得多。

三、向量在平面解析几何中的应用。由于向量作为一种有向线段，本身就是有向直线上的一段，且向量的坐标可以用起点、终点的坐标来表示，使向量与平面解析几何特别是其中有关直线的部分保持着一种天然的联系。平面直角坐标系内两点间的距离公式，也就是平面内相应向量的长度公式；分一条线段成定比的分点坐标，可根据相应的两个向量的坐标直接求得；用直线的方向向量表示直线方向比直线的斜率更具有一般性。另外，向量的平移也可用来化简二次曲线，即通过移动图形来达到化简二次曲线的目的，实际上可以与解析几何中移轴变换达到同样的效果。

四、向量在几何中的应用。在解决几何中的有关度量、角度、平行、垂直等问题时用向量也很方便，特别是可以将平面向量推广到空间来解决立体几何问题。例如，在空间直线和平面这部分内容中，解决平行、相交、包含以及计算夹角、距离等问题用传统的方法往往较为烦琐，但只要引入向量，利用向量的线性运算以及向量的数量积和向量积后，一切都归结为数字式符号运算。这些运算都有法则可循，比传统的方法要容易得多。

总之，向量已经渗透到高中数学的许多方面，向量法是一种值得学生花费时间、精力去掌握的新方法，学好向量知识有助于理解和掌握与之有关联的学科。因此，在中学数学教学中加强向量这一章的教学，可以更好地为学习其他知识做必要的准备。但传统教学思想对向量抵触较大，许多教师认为向量法削弱了学生的空间想象能力，且学生初学向量时接受较为困难，这就要求我们不断探索，找出最佳的教和学的方法，发挥向量的作用，使向量真正地成为现代数学的基础。

2. 复数

复数是一类重要的运算对象，有广泛的应用。本单元的学习，可以帮助学生通过方程求解，理解引入复数的必要性，了解数系的扩充，掌握复数的表示、运算及其几何意义。

内容包括：复数的概念、复数的运算、* 复数的三角表示。

(1) 复数的概念。

① 通过方程的解，认识复数。

② 理解复数的代数表示及其几何意义，理解两个复数相等的含义。

(2) 复数的运算。

掌握复数代数表示式的四则运算，了解复数加、减运算的几何意义。

(3) * 复数的三角表示。

通过复数的几何意义，了解复数的三角表示，了解复数的代数表式与三角表示之间的关系，了解复数乘、除运算的三角表示及其几何意义。

思考题

85. 普通高中数学必修课程“复数”部分包括什么内容？每一部分内容的具体要求是什么？

3. 立体几何初步

立体几何研究现实世界中物体的形状、大小与位置关系。本单元的学习，可以帮助学生以长方体为载体，认识和理解空间点、直线、平面的位置关系；用数学语言表述有关平行、垂直的性质与判定，并对某些结论进行论证；了解一些简单几何体的表面积与体积的计算方法；运用直观感知、操作确认、推理论证、度量计算等认识和探索空间图形的性质，建立空间观念。

内容包括：基本立体图形、基本图形位置关系、* 几何学的发展。

(1) 基本立体图形。

① 利用实物、计算机软件等观察空间图形，认识柱、锥、台、球及简单组合体的结构特征，能运用这些特征描述现实生活中简单物体的结构。

② 知道球、棱柱、棱锥、棱台的表面积和体积的计算公式，能用公式解决简单的实际问题。

③ 能用斜二测法画出简单空间图形（长方体、球、圆柱、圆锥、棱柱及其简单组合）的直观图。

(2) 基本图形位置关系。

① 借助长方体,在直观认识空间点、直线、平面的位置关系的基础上,抽象出空间点、直线、平面位置关系的定义,了解以下基本事实(基本事实 1～4 也称公理)和定理。

基本事实 1: 过不在一条直线上的三个点,有且只有一个平面。

基本事实 2: 如果一条直线上的两个点在一个平面内,那么这条直线在这个平面内。

基本事实 3: 如果两个不重合的平面有一个公共点,那么它们有且只有一条过该点的公共直线。

基本事实 4: 平行于同一条直线的两条直线平行。

定理: 如果空间中两个角的两条边分别对应平行,那么这两个角相等或互补。

② 从上述定义和基本事实出发,借助长方体,通过直观感知,了解空间中直线与直线、直线与平面、平面与平面的平行和垂直的关系,归纳出以下性质定理,并加以证明。

◆ 一条直线与一个平面平行,如果过该直线的平面与此平面相交,那么该直线与交线平行。

◆ 两个平面平行,如果另一个平面与这两个平面相交,那么两条交线平行。

◆ 垂直于同一个平面的两条直线平行。

◆ 两个平面垂直,如果一个平面内有一条直线垂直于这两个平面的交线,那么这条直线与另一个平面垂直。

③ 从上述定义和基本事实出发,借助长方体,通过直观感知,了解空间中直线与直线、直线与平面、平面与平面的平行和垂直的关系,归纳出以下判定定理。

◆ 如果平面外一条直线与此平面内的一条直线平行,那么该直线与此平面平行。

◆ 如果一个平面内的两条相交直线与另一个平面平行,那么这两个平面平行。

◆ 如果一条直线与一个平面内的两条相交直线垂直,那么该直线与此平面垂直。

◆ 如果一个平面过另一个平面的垂线,那么这两个平面垂直。

④ 能用已获得的结论证明空间基本图形位置关系的简单命题。

(3) * 几何学的发展。

收集、阅读几何发展的历史资料,撰写小论文,论述几何发展的过程、重要结果、主要人物、关键事件及其对人类文明的贡献。

(二) 教学提示

在平面向量及其应用的教学中,应从力、速度、位移等实际情境入手,从物理、几何、代数三个角度理解向量的概念与运算法则,引导学生运用类比的方法探索实数运算与向量运算的共性与差异,可以通过力的分解引出向量基本定理,建立基的概念和向量的坐标表示。可以引导学生运用向量解决一些物理和几何问题。例如,利用向量计算力使物体沿某方向运动所做的功,利用向量解决与平面内两条直线平行或垂直有关的问题等。对于向量的非正交分解只要求学生一般了解,不必展开。

在复数的教学中,应注重对复数的表示及几何意义的理解,避免烦琐的计算与技巧训练。对于学有余力的学生,可以安排一些引申内容,如复数的三角表示等。可以适当融入数学文化,让学生体会数系扩充过程中理性思维的作用。

立体几何初步的教学重点是帮助学生逐步形成空间观念,应遵循从整体到局部、从具体到抽象的原则,提供丰富的实物模型或利用计算机软件呈现空间几何体,帮助学生认识空间几何体的结构特征，进一步掌握在平面上表示空间图形的方法和技能。通过对图形的观察和操作，引导学生发现和提出描述基本图形平行、垂直关系的命题，逐步学会用准确的数学语言表达这些命题，直观解释命题的含义和表述证明的思路，并证明其中一些命题；对相应的判定定理只要求直观感知、操作确认，在选择性必修课程中将用向量方法对这些定理加以论证。

可以使用信息技术展示空间图形，为理解和掌握图形几何性质（包括证明）提供直观展示。教师可以指导和帮助学生选择一些立体几何问题作为数学探究活动的课题。

可以组织学生收集、阅读几何学发展的历史资料，结合内容撰写报告，论述几何学发展过程中的重要结果、主要人物、关键事件及其对人类文明的贡献。

思考题

86. 对普通高中数学必修课程“立体几何初步”部分的教学，教师要遵循什么样的原则？如何展开教学？

（三）学业要求

能够从多种角度理解向量概念和运算法则，掌握向量基本定理；能够运用向量运算解决简单的几何和物理问题，知道数学运算与逻辑推理的关系。

能够理解复数的概念，掌握复数代数表示式的四则运算。

能够通过直观图理解空间图形，掌握基本空间图形及其简单组合体的概念和基本特征，解决简单的实际问题。能够运用图形的概念描述图形的基本关系和基本结果。能够证明简单的几何命题（平行、垂直的性质定理），并会进行简单应用。

重点提升直观想象、逻辑推理、数学运算和数学抽象素养。

思考题

87. 普通高中数学必修课程“几何与代数”部分能够重点提升学生的哪些数学学科核心素养？

四、概率与统计

概率的研究对象是随机现象，为人们从不确定性的角度认识客观世界提供重要的思维模式和解决问题的方法。统计的研究对象是数据，核心是数据分析。概率为统计的发展提供理论基础。

思考题

88. 统计的研究对象是什么？核心是什么？

（一）内容要求

内容包括：概率、统计。

1. 概率

本单元的学习，可以帮助学生结合具体实例，理解样本点、有限样本空间、随机事件，会计算古典概型中简单随机事件的概率，加深对随机现象的认识和理解。

内容包括：随机事件与概率、随机事件的独立性。

(1) 随机事件与概率。

① 结合具体实例,理解样本点和有限样本空间的含义,理解随机事件与样本点的关系。了解随机事件的并、交与互斥的含义,能结合实例进行随机事件的并、交运算。

② 结合具体实例,理解古典概型,能计算古典概型中简单随机事件的概率。

③ 通过实例,理解概率的性质,掌握随机事件概率的运算法则。

④ 结合实例,会用频率估计概率。

(2) 随机事件的独立性。

结合有限样本空间,了解两个随机事件独立性的含义。结合古典概型,利用独立性计算概率。

思考题

89. 普通高中数学必修课程"概率"部分包括什么内容? 每一部分内容的具体要求是什么?

2. 统计

本单元的学习,可以帮助学生进一步学习数据收集和整理的方法、数据直观图表的表示方法、数据统计特征的刻画方法,通过具体实例,感悟在实际生活中进行科学决策的必要性和可能性;体会统计思维与确定性思维的差异、归纳推断与演绎证明的差异;通过实际操作、计算机模拟等活动,积累数据分析的经验。

内容包括:获取数据的基本途径及相关概念、抽样、统计图表、用样本估计总体。

(1) 获取数据的基本途径及相关概念。

① 知道获取数据的基本途径,包括:统计报表和年鉴、社会调查、试验设计、普查和抽样、互联网等。

② 了解总体、样本、样本量的概念,了解数据的随机性。

(2) 抽样。

① 简单随机抽样。

通过实例,了解简单随机抽样的含义及其解决问题的过程,掌握两种简单随机抽样方法:抽签法和随机数法。会计算样本均值和样本方差,了解样本与总体的关系。

② 分层随机抽样。

通过实例,了解分层随机抽样的特点和适用范围,了解分层随机抽样的必要性,掌握各层样本量比例分配的方法。结合具体实例,掌握分层随机抽样的样本均值和样本方差。

③ 抽样方法的选择。

在简单的实际情境中,能根据实际问题的特点,设计恰当的抽样方法解决问题。

(3) 统计图表。

根据实际问题的特点,选择恰当的统计图表对数据进行可视化描述,体会合理使用统计图表的重要性。

(4) 用样本估计总体。

① 结合实例,能用样本估计总体的集中趋势参数(平均数、中位数、众数),理解集中趋势参数的统计含义。

② 结合实例，能用样本估计总体的离散程度参数（标准差、方差、极差），理解离散程度参数的统计含义。

③ 结合实例，能用样本估计总体的取值规律。

④ 结合实例，能用样本估计百分位数，理解百分位数的统计含义。

思考题

90. 普通高中数学必修课程“统计”部分包括什么内容？每一部分内容的具体要求是什么？

（二）教学提示

在概率的教学中，应引导学生通过日常生活中的实例了解随机事件与概率的意义。在随机事件和样本空间的教学中，应引导学生通过古典概型，认识样本空间，理解随机事件发生的含义；理解古典概型的特征，试验结果的有限性和每一个试验结果出现的等可能性，知道只有在这种特征下，才能定义出古典概型中随机事件发生的概率。教学中要适当介绍基本计数方法（如树状图、列表等），计算古典概型中随机事件发生的概率。

在统计的教学中，应引导学生根据实际问题的需求，选择不同的抽样方法获取数据，理解数据蕴含的信息，根据数据分析的需求，选择适当的统计图表描述和表达数据，并从样本数据中提取需要的数字特征，估计总体的统计规律，解决相应的实际问题。对统计中的基本概念（如总体、样本、样本量等），应结合具体问题进行描述性说明，在此基础上适当引入严格的定义，并利用数字特征（平均值、方差等）和数据直观图表（直方图、散点图等）进行数据分析。

统计的教学活动应通过典型案例进行。教学中应通过对一些典型案例的处理，使学生经历较为系统的数据处理全过程，在此过程中学习数据分析的方法，理解数据分析的思路，运用所学知识和方法解决实际问题。

可以鼓励学生尽可能运用计算器、计算机进行模拟活动，处理数据，更好地体会概率的意义和统计思想。例如，利用计算器产生随机数来模拟掷硬币试验等，利用计算机来计算样本量较大的数据的样本均值、样本方差等。

思考题

91. 普通高中数学必修课程“概率”部分要求教师如何展开教学？

92. 普通高中数学必修课程“统计”部分要求教师如何展开教学？

（三）学业要求

能够掌握古典概型的基本特征，根据实际问题构建概率模型，解决简单的实际问题。能够借助古典概型初步认识有限样本空间、随机事件，以及随机事件的概率。

能够根据实际问题的需求，选择恰当的抽样方法获取样本数据，并从中提取需要的数字特征推断总体，能够正确运用数据分析的方法解决简单的实际问题。

能够区别统计思维与确定性思维的差异、归纳推断与演绎证明的差异。能够结合具体问题，理解统计推断结果的或然性，正确运用统计结果解释实际问题。

重点提升数据分析、数学建模、逻辑推理和数学运算素养。

思考题

93. 普通高中数学必修课程“概率与统计”部分能够提升学生的哪些数学学科核心素养?

五、数学建模活动与数学探究活动

(一) 内容要求

数学建模活动是对现实问题进行数学抽象,用数学语言表达问题、用数学方法构建模型解决问题的过程。主要包括:在实际情境中从数学的视角发现问题、提出问题,分析问题、构建模型,确定参数、计算求解,检验结果、改进模型,最终解决实际问题。数学建模活动是基于数学思维运用模型解决实际问题的一类综合实践活动,是高中阶段数学课程的重要内容。

数学建模活动的基本过程如图 1.3 所示。

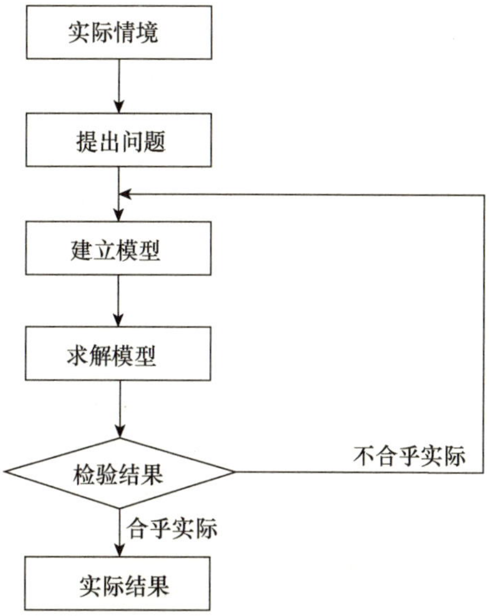

图 1.3 数学建模活动的基本过程

数学探究活动是围绕某个具体的数学问题,开展自主探究、合作研究并最终解决问题的过程。具体表现为:发现和提出有意义的数学问题,猜测合理的数学结论,提出解决问题的思路和方案,通过自主探索、合作研究论证数学结论。数学探究活动是运用数学知识解决数学问题的一类综合实践活动,也是高中阶段数学课程的重要内容。

数学建模活动与数学探究活动以课题研究的形式开展。在必修课程中,要求学生完成其中的一个课题研究。

思考题

94. 什么是数学建模活动?数学建模活动主要包括什么?

95. 数学建模活动的基本过程是什么?

96. 什么是数学探究活动?数学探究活动的具体表现是什么?

(二) 教学提示

课题可以由教师给定,也可以由学生与教师协商确定,课题研究的过程包括选题、开题、做题、结题四个环节。学生需要撰写开题报告,教师要组织开展开题交流活动,开题报告应包括选题意义、文献综述、解决问题思路、研究计划、预期结果等。做题是解决问题的过程,包括描述问题、数学表达、建立模型、求解模型、得到结论、反思完善等。结题包括撰写研究报告和报告研究结果,由教师组织学生开展结题答辩。根据选题的内容,报告可以采用专题作业、测量报告、算法程序、制作的实物、研究报告或小论文等多种形式。

在数学建模活动与数学探究活动中,鼓励学生使用信息技术。

(三) 学业要求

经历数学建模活动与数学探究活动的全过程,整理资料,撰写研究报告或小论文,并进行报告、交流。对于研究报告或小论文的评价,教师应组织评价小组,可以邀请校外专家、社会人士、家长等参与评价,也可以组织学生互评。教师要引导学生遵循学术规范,坚守诚信底线。研究报告或小论文及其评价应存入学生个人学习档案,为大学招生提供参考和依据。学生可以采取独立完成或小组合作(2～3 人为宜)的方式,完成课题研究。

重点提升数学建模、数学抽象、数据分析、数学运算、逻辑推理和直观想象素养。

思考题

97. 普通高中数学必修课程"数学建模活动与数学探究活动"重点能提升学生的哪些数学学科核心素养?

历年真题

【1.8】 (2018 年上)下列内容属于高中数学必修课程内容的是(　　)。

A. 风险与决策　　B. 平面向量

C. 数列与差分　　D. 矩阵与变换

参考答案:

本题答案选 B。

【1.9】 (2017 年下)在集合、三角函数、导数及其应用、平面向量和空间向量五个内容中,属于高中数学必修课程内容的有(　　)。

A. 1 个　　B. 2 个

C. 3 个　　D. 4 个

参考答案:

本题答案选 C。

第五节　课程内容(二)——选择性必修课程

选择性必修课程包括四个主题,分别是函数、几何与代数、概率与统计、数学建模活动与数学探究活动。数学文化融入课程内容。

选择性必修课程共 6 学分 108 课时。

思考题

98. 普通高中数学选择性必修课程包括哪几个主题?

一、函数

在必修课程中,学生学习了函数的概念和性质,总结了研究函数的基本方法,掌握了一些具体的基本函数类,探索了函数的应用。在本主题中,学生将学习数列和一元函数导数及其应用。数列是一类特殊的函数,是数学重要的研究对象,是研究其他类型函数的基本工具,在日常生活中也有着广泛的应用。导数是微积分的核心内容之一,是现代数学的基本概念,蕴含微积分的基本思想,导数定量地刻画了函数的局部变化,是研究函数性质的基本工具。

(一) 内容要求

内容包括:数列、一元函数导数及其应用。

1. 数列

本单元的学习,可以帮助学生通过对日常生活中实际问题的分析,了解数列的概念;探索并掌握等差数列和等比数列的变化规律,建立通项公式和前 n 项和公式;能运用等差数列、等比数列解决简单的实际问题和数学问题,感受数学模型的现实意义与应用;了解等差数列与一元一次函数、等比数列与指数函数的联系,感受数列与函数的共性与差异,体会数学的整体性。

内容包括:数列概念、等差数列、等比数列、* 数学归纳法。

(1) 数列概念。

通过日常生活和数学中的实例,了解数列的概念和表示方法(列表、图象、通项公式),了解数列是一种特殊函数。

(2) 等差数列。

① 通过生活中的实例,理解等差数列的概念和通项公式的意义。

② 探索并掌握等差数列的前 n 项和公式,理解等差数列的通项公式与前 n 项和公式的关系。

③ 能在具体的问题情境中,发现数列的等差关系,并解决相应的问题。

④ 体会等差数列与一元一次函数的关系。

(3) 等比数列。

① 通过生活中的实例,理解等比数列的概念和通项公式的意义。

② 探索并掌握等比数列的前 n 项和公式,理解等比数列的通项公式与前 n 项和公式的关系。

③ 能在具体的问题情境中,发现数列的等比关系,并解决相应的问题。

④ 体会等比数列与指数函数的关系。

(4) * 数学归纳法。

了解数学归纳法的原理,能用数学归纳法证明数列中的一些简单命题。

思考题

99. 普通高中数学选择性必修课程“数列”部分包括什么内容?每一部分内容的具体

要求是什么？

历年真题

【1.10】（2016 年上）请以“等差数列的概念”为例，说明“理解”的基本含义。

参考答案：

行为动词中的“理解”就是把握内在逻辑联系，对知识做出解释、扩展、提供证据、判断等。

以“等差数列的概念”为例，教学目标包括理解等差数列的概念；探索并掌握等差数列的通项公式；能在具体的问题情境中，发现数列的等差关系并能用有关知识解决相应的问题；体会等差数列与一次函数的关系。这些都属于“理解”的目标层次。学生在学习过程中，能够把握等差数列的概念，通过内在逻辑联系进行推导，探索并总结等差数列的通项公式，同时能够对日常所见的等差数列问题做出解释，解决相应的问题，并能够拓展到等差数列与一次函数之间的关系。

2. 一元函数导数及其应用

本单元的学习，可以帮助学生通过丰富的实际背景理解导数的概念，掌握导数的基本运算，运用导数研究函数的性质，并解决一些实际问题。

内容包括：导数概念及其意义、导数运算、导数在研究函数中的应用、* 微积分的创立与发展。

（1）导数概念及其意义。

① 通过实例分析，经历由平均变化率过渡到瞬时变化率的过程，了解导数概念的实际背景，知道导数是关于瞬时变化率的数学表达，体会导数的内涵与思想。

② 体会极限思想。

③ 通过函数图象直观理解导数的几何意义。

（2）导数运算。

① 能根据导数定义求函数 $y=c$，$y=x$，$y=x^2$，$y=x^3$，$y=\dfrac{1}{x}$，$y=\sqrt{x}$ 的导数。

② 能利用给出的基本初等函数的导数公式和导数的四则运算法则，求简单函数的导数；能求简单的复合函数（限于形如 $f(ax+b)$）的导数。

③ 会使用导数公式表。

（3）导数在研究函数中的应用。

① 结合实例，借助几何直观了解函数的单调性与导数的关系；能利用导数研究函数的单调性；对于多项式函数，能求不超过三次的多项式函数的单调区间。

② 借助函数的图象，了解函数在某点取得极值的必要条件和充分条件；能利用导数求某些函数的极大值、极小值以及给定闭区间上不超过三次的多项式函数的最大值、最小值；体会导数与单调性、极值、最大（小）值的关系。

（4）* 微积分的创立与发展。

收集、阅读对微积分的创立和发展起重大作用的有关资料，包括一些重要历史人物（牛顿、莱布尼茨、柯西、魏尔斯特拉斯等）和事件，采取独立完成或小组合作的方式，完成一篇有关微积分创立与发展的研究报告。

思考题

100. 普通高中数学选择性必修课程“一元函数导数及其应用”部分包括什么内容？每一部分内容的具体要求是什么？

101. 费马对微积分的贡献主要在于其发明的(　　)。

A. 求瞬时速度的方法　　B. 求切线的方法

C. 求极值的方法　　D. 求体积的方法

102. 高中数学课程为什么要加入“微积分初步”？

答案解析：

(1) 微积分可以帮助学生了解函数的变化，刻画现实世界中的规律，在日常生活中，微积分的基本知识已经成为人们认识某些事物的常识。很多学生高中毕业之后会直接进入工作岗位，希望他们通过微积分的学习，能够用变化和运动的观点来看待数学世界和现实世界。

(2) 高中阶段所学到的其他学科，如物理、化学、生物、地理等，其中有很多反映微积分思想的实例和案例，所以在数学上给出微积分的表述，对于理解这些实例和案例是非常必要的。

(3) 直接介绍微积分思想的难度不大，能被高中生接受。

(4) 可以帮助学生了解导数和微积分的丰富背景和应用，建立一些具体的、特殊的极限概念，初步形成对极限的感性认识，这些对于进一步学习微积分理论是有帮助的。

(5) 微积分的产生在人类文明史上有着重要的作用。通过这部分内容的学习可以让学生更好地理解数学在人类进步和发展中不可或缺的作用。

历年真题

【1.11】 (2013 年下)以下哪位数学家不是微积分的创建人？(　　)

A. 伽罗华　　B. 牛顿

C. 费马　　D. 莱布尼茨

参考答案：

本题答案选 A。

(二) 教学提示

在数列的教学中，应引导学生通过具体实例(如购房贷款、放射性物质的衰变、人口增长等)，理解等差数列、等比数列的概念、性质和应用，引导学生掌握数列中各个量之间的基本关系。

应特别强调数列作为一类特殊的函数在解决实际问题中的作用，突出等差数列、等比数列的本质，引导学生通过类比的方法探索等差数列与一元一次函数、等比数列与指数函数的联系，加深对数列及函数概念的理解。

在教学中可以组织学生收集、阅读数列方面的研究成果，特别是我国古代的优秀研究成果，如“杨辉三角”、《四元玉鉴》等，撰写小论文，论述数列发展的过程、重要结果、主要人物、关键事件及其对人类文明的贡献，感悟我国古代数学的辉煌成就。

在一元函数导数及其应用的教学中，应通过丰富的实际背景和具体实例引入导数的概念，例如斜率、增长率、膨胀率、效率、密度、速度、加速度等；应引导学生经历由平均变化率过渡到瞬时变化率的过程，了解导数是如何刻画瞬时变化率的，感悟极限的思想；应引导学生通过具体实例感受导数在研究函数和解决实际问题中的作用，体会导数的意义。学生对导数概念的理解不可能一步到位，导数概念的学习应该贯穿在一元函数导数及其应用学习的始终。一般地，在高中阶段研究与导数有关的问题中，涉及的函数都是可导函数。

在教学中可以组织学生收集、阅读微积分创立与发展的历史资料，撰写小论文，论述微积分创立与发展的过程、重要结果、主要人物、关键事件及其对人类文明的贡献。

思考题

103. 普通高中数学选择性必修课程“数列”部分要求教师如何展开教学？

104. 普通高中数学选择性必修课程“一元函数导数及其应用”部分要求教师如何展开教学？

历年真题

【1.12】 (2017 年下)数学的产生与发展过程蕴含着丰富的数学文化。

(1) 以“导数及其应用”教学为例，说明在数学教学中如何渗透数学文化。

(2) 阐述数学文化对学生数学学习的作用。

参考答案：

(1) ① 数学史知识的渗透。

不同于在小学就有所接触的方程等知识，导数对学生来说是一个全新的概念。因此，学生对于导数的历史会比较感兴趣，教师可以利用这一点，对学生进行数学史知识的渗透，告诉学生导数的由来、发展和在实际生活、工作中的作用。这样就可以调动学生的积极性，使教学变得活泛、有趣。

② 数学思想方法的渗透。

a. 极限思想。“导数及其应用”这部分知识主要从函数的连续性、导数的概念、导数的计算等方面渗透极限思想。

b. 数形结合思想。数形结合在“导数及其应用”部分的主要表现是对函数图象的分析与求解。函数是导数的主要研究对象之一，研究函数的性质经常用到数形结合思想。在“导数及其应用”的教学中可以很自然地渗透数形结合思想。

③ 数学思维方式的渗透。

“导数及其应用”部分涉及的数学思维方式主要有两种：观察法和归纳法。

“导数及其应用”部分主要培养学生的观察能力。人教版教材利用三个不同维度的观察引导学生在导数的概念、导数的运算、导数的应用关系之间进行思考。

归纳法是从特殊到一般再到特殊的过程，在人教版教材中主要体现在当 Δx 趋于 0 时的相关计算。

(2) ① 有利于激发学生的学习兴趣。

数学文化给学生带来的不仅仅是数学命题、数学方法、数学问题和数学语言，还包括数学思想、数学意识、数学精神等。在教学中可以适当地对学生进行数学文化的教育，如通过介绍数学家的故事、数学问题的发现过程等内容来激发学生的学习兴趣。

② 有利于培养学生的创新意识和探索精神。

数学课程的改革理念中，强调培养学生的创新意识和探索精神。在数学文化中，历史事件、历史过程、历史故事等都能够激发起学生的创新意识，培养学生的探索精神。

③ 有利于发展学生的数学应用意识。

数学文化的意义不仅在于知识本身和它的内涵，还在于它的应用价值。数学源于生活，其理论的核心部分都是在人类社会的生产、生活实践中发展起来的。因此，教学中应当有意识地结合学生已有的知识结构，加强数学与实际生活的联系，将数学知识生活化，让学生感受到生活的各个领域中都要用到数学，从而更深切地感受数学文化的价值。

（三）学业要求

能够结合具体实例，理解通项公式对于数列的重要性，知道通项公式是这类函数的解析表达式；通过等差数列和等比数列的研究，感悟数列是可以用来刻画现实世界中一类具有递推规律事物的数学模型，掌握通项公式与前 n 项和公式的关系；能够运用数列解决简单的实际问题。

能够通过具体情境，直观理解导数概念，感悟极限思想，知道极限思想是人类深刻认识和表达现实世界必备的思维品质。理解导数是一种借助极限的运算，掌握导数的基本运算规则，能求简单函数和简单复合函数的导数。能够运用导数研究简单函数的性质和变化规律，能够利用导数解决简单的实际问题。知道微积分的创立过程，以及微积分对数学发展的作用。

重点提升数学抽象、数学运算、直观想象、数学建模和逻辑推理素养。

思考题

105. 普通高中数学选择性必修课程“函数”部分能够重点提升学生的哪些数学学科核心素养？

二、几何与代数

在必修课程学习平面向量的基础上，本主题将学习空间向量，并运用空间向量研究立体几何中图形的位置关系和度量关系。解析几何是数学发展过程中的标志性成果，是微积分创立的基础，本主题将学习平面解析几何，通过建立坐标系，借助直线、圆与圆锥曲线的几何特征，导出相应方程；用代数方法研究它们的几何性质，体现形与数的结合。

（一）内容要求

内容包括：空间向量与立体几何、平面解析几何。

1. 空间向量与立体几何

本单元的学习，可以帮助学生在学习平面向量的基础上，利用类比的方法理解空间向量的概念、运算、基本定理和应用，体会平面向量和空间向量的共性和差异；运用向量的方法研究空间基本图形的位置关系和度量关系，体会向量方法和综合几何方法的共性和差异；运用向量方法解决简单的数学问题和实际问题，感悟向量是研究几何问题的有效工具。

内容包括：空间直角坐标系、空间向量及其运算、向量基本定理及坐标表示、空间向量的应用。

(1) 空间直角坐标系。

① 在平面直角坐标系的基础上，了解空间直角坐标系，感受建立空间直角坐标系的必要性，会用空间直角坐标系刻画点的位置。

② 借助特殊长方体(所有棱分别与坐标轴平行)顶点的坐标，探索并得出空间两点间的距离公式。

(2) 空间向量及其运算。

① 经历由平面向量推广到空间向量的过程，了解空间向量的概念。

② 经历由平面向量的运算及其法则推广到空间向量的过程。

(3) 向量基本定理及坐标表示。

① 了解空间向量基本定理及其意义，掌握空间向量的正交分解及其坐标表示。

② 掌握空间向量的线性运算及其坐标表示。

③ 掌握空间向量的数量积及其坐标表示。

④ 了解空间向量投影的概念及投影向量的意义。

(4) 空间向量的应用。

① 能用向量语言描述直线和平面，理解直线的方向向量与平面的法向量。

② 能用向量语言表述直线与直线、直线与平面、平面与平面的夹角，以及垂直与平行关系。

③ 能用向量方法证明必修内容中有关直线、平面位置关系的判定定理。

④ 能用向量方法解决点到直线、点到平面、相互平行的直线、相互平行的平面的距离问题和简单夹角问题，并能描述解决这一类问题的程序，体会向量方法在研究几何问题中的作用。

思考题

106. 普通高中数学选择性必修课程“空间向量与立体几何”部分包括什么内容？每一部分内容的具体要求是什么？

历年真题

【1.13】 (2018 年上)简述你对《普通高中数学课程标准》(实验稿)中“探索并掌握两点间的距离公式”这一目标的理解。

参考答案：

“探索”是过程与方法目标行为动词，“掌握”是知识与技能目标行为动词。“探索并掌握两点间的距离公式”这一目标的设置，要求学生不仅要记住该公式的内容，还需要掌握该公式的推导过程，联系知识间的内在关系，体会其中的数学思想，为进一步的学习提供必要的数学准备。

“探索并掌握两点间的距离公式”有助于学生认识数学内容之间的内在联系。两点间的距离是高中数学学习的主要内容之一，在高中数学中占有重要地位。探索两点间的距离公式的过程中需要数轴、直角坐标系、直角三角形、勾股定理等知识，而两点间的距离公式又是几何中最简单的一种距离，点到直线的距离、两条平行直线间的距离、两个平行平面间的距离、异面直线公垂线段的长度等最终都可以归结为两点间的距离。学生经历“探索并掌握两点间的距离公式”的学习过程，能够更好地体会并理解这些知识内在的联系，这对学生构建知识体系、增强学习数学的信心也很有帮助。

“探索并掌握两点间的距离公式”有助于学生体会数形结合思想，形成正确的数学观。探索两点间的距离公式经历将几何问题代数化的过程，用代数的语言描述几何要素及其关系。两点间的距离公式是将几何问题转化为代数问题的重要桥梁和工具。利用距离公式分析代数结果的几何含义，也有助于最终解决几何问题。引导学生经历这样的数形结合的过程，对发展学生的推理能力很有益处。

2. 平面解析几何

本单元的学习，可以帮助学生在平面直角坐标系中认识直线、圆、椭圆、抛物线、双曲线的几何特征，建立它们的标准方程；运用代数方法进一步认识圆锥曲线的性质及它们的位置关系；运用平面解析几何方法解决简单的数学问题和实际问题，感悟平面解析几何中蕴含的数学思想。

内容包括：直线与方程、圆与方程、圆锥曲线与方程、* 平面解析几何的形成与发展。

(1) 直线与方程。

① 在平面直角坐标系中，结合具体图形，探索确定直线位置的几何要素。

② 理解直线的倾斜角和斜率的概念，经历用代数方法刻画直线斜率的过程，掌握过两点的直线斜率的计算公式。

③ 能根据斜率判定两条直线平行或垂直。

④ 根据确定直线位置的几何要素，探索并掌握直线方程的几种形式(点斜式、两点式及一般式)。

⑤ 能用解方程组的方法求两条直线的交点坐标。

⑥ 探索并掌握平面上两点间的距离公式、点到直线的距离公式，会求两条平行直线间的距离。

(2) 圆与方程。

① 回顾确定圆的几何要素，在平面直角坐标系中，探索并掌握圆的标准方程与一般方程。

② 能根据给定直线、圆的方程，判断直线与圆、圆与圆的位置关系。

③ 能用直线和圆的方程解决一些简单的数学问题与实际问题。

(3) 圆锥曲线与方程。

① 了解圆锥曲线的实际背景，感受圆锥曲线在刻画现实世界和解决实际问题中的作用。

② 经历从具体情境中抽象出椭圆的过程，掌握椭圆的定义、标准方程及简单几何性质。

③ 了解抛物线与双曲线的定义、几何图形和标准方程，以及它们的简单几何性质。

④ 通过圆锥曲线与方程的学习，进一步体会数形结合的思想。

⑤ 了解椭圆、抛物线的简单应用。

(4) * 平面解析几何的形成与发展。

收集、阅读平面解析几何的形成与发展的历史资料，撰写小论文，论述平面解析几何发展的过程、重要结果、主要人物、关键事件及其对人类文明的贡献。

思考题

107. 普通高中数学选择性必修课程“平面解析几何”部分包括什么内容？每一部分内容的具体要求是什么？

(二) 教学提示

本主题的研究对象是几何图形，所用的研究方法主要是代数方法。

在空间向量与立体几何的教学中，应重视两个方面：第一，引导学生运用类比的方法，经历向量及其运算由平面向空间的推广过程，探索空间向量与平面向量的共性和差异，引发学生思考维数增加带来的影响；第二，鼓励学生灵活选择运用向量方法与综合几何方法，从不同角度解决立体几何问题(如距离问题)，通过对比体会向量方法的优势。在上述过程中，引导学生理解向量基本定理的本质，感悟“基”的思想，并运用它解决立体几何中的问题。

在平面解析几何的教学中，应引导学生经历以下过程：首先，通过实例了解几何图形的背景，例如，通过行星运行轨道、抛物运动轨迹等，使学生了解圆锥曲线的背景与应用；进而，结合情境清晰地描述图形的几何特征与问题，例如，两点决定一条直线，椭圆是到两个定点的距离之和为定长的动点的轨迹等；再结合具体问题合理地建立坐标系，用代数语言描述这些特征与问题；最后，借助几何图形的特点，形成解决问题的思路，通过直观想象和代数运算得到结果，并给出几何解释，解决问题。

应充分发挥信息技术的作用，通过计算机软件向学生演示方程中参数的变化对方程所表示的曲线的影响，使学生进一步理解曲线与方程的关系。

在教学中，可以组织学生收集、阅读平面解析几何的形成与发展的历史资料，撰写小论文，论述平面解析几何发展的过程、重要结果、主要人物、关键事件及其对人类文明的贡献。

思考题

108. 普通高中数学选择性必修课程“空间向量与立体几何”部分要求教师如何展开教学？

109. 普通高中数学选择性必修课程“平面解析几何”部分要求教师如何展开教学？

(三) 学业要求

能够理解空间向量的概念、运算、背景和作用；能够依托空间向量建立空间图形及图形关系的想象力；能够掌握空间向量基本定理，体会其作用，并能简单应用；能够运用空间向量解决一些简单的实际问题，体会用向量解决一类问题的思路。

能够掌握平面解析几何解决问题的基本过程：根据具体问题情境的特点，建立平面直角坐标系；根据几何问题和图形的特点，用代数语言把几何问题转化成为代数问题；根据对几何问题(图形)的分析，探索解决问题的思路；运用代数方法得到结论；给出代数结论合理的几何解释,解决几何问题。

能够根据不同的情境,建立平面直线和圆的方程,建立椭圆、抛物线、双曲线的标准方程,能够运用代数的方法研究上述曲线之间的基本关系,能够运用平面解析几何的思想解决一些简单的实际问题。

重点提升直观想象、数学运算、数学建模、逻辑推理和数学抽象素养。

思考题

110. 普通高中数学选择性必修课程“几何与代数”能重点提升学生的哪些数学学科核心素养?

三、概率与统计

本主题是必修课程中概率与统计内容的延续,将学习计数原理、概率、统计的相关知识。计数原理的内容包括两个基本计数原理、排列与组合、二项式定理。概率的内容包括随机事件的条件概率、离散型随机变量及其分布列、正态分布。统计的内容包括成对数据的统计相关性、一元线性回归模型、2×2 列联表。

(一) 内容要求

内容包括:计数原理、概率、统计。

1. 计数原理

分类加法计数原理和分步乘法计数原理是解决计数问题的基础,称为基本计数原理。本单元的学习,可以帮助学生理解两个基本计数原理,运用计数原理探索排列、组合、二项式定理等问题。

内容包括:两个基本计数原理、排列与组合、二项式定理。

(1) 两个基本计数原理。

通过实例,了解分类加法计数原理、分步乘法计数原理及其意义。

(2) 排列与组合。

通过实例,理解排列、组合的概念;能利用计数原理推导排列数公式、组合数公式。

(3) 二项式定理。

能用多项式运算法则和计数原理证明二项式定理,会用二项式定理解决与二项展开式有关的简单问题。

思考题

111. 普通高中数学选择性必修课程“计数原理”部分包括什么内容?每一部分内容的具体要求是什么?

2. 概率

本单元的学习,可以帮助学生了解条件概率及其与独立性的关系,能进行简单计算;感悟离散型随机变量及其分布列的含义,知道可以通过随机变量更好地刻画随机现象;理解伯努利试验,掌握二项分布,了解超几何分布;感悟服从正态分布的随机变量,知道连续型随机变量;基于随机变量及其分布解决简单的实际问题。

内容包括:随机事件的条件概率、离散型随机变量及其分布列、正态分布。

(1) 随机事件的条件概率。

① 结合古典概型,了解条件概率,能计算简单随机事件的条件概率。

② 结合古典概型,了解条件概率与独立性的关系。

③ 结合古典概型,会利用乘法公式计算概率。

④ 结合古典概型,会利用全概率公式计算概率。* 了解贝叶斯公式。

(2) 离散型随机变量及其分布列。

① 通过具体实例,了解离散型随机变量的概念,理解离散型随机变量分布列及其数字特征(均值、方差)。

② 通过具体实例,了解伯努利试验,掌握二项分布及其数字特征,并能解决简单的实际问题。

③ 通过具体实例,了解超几何分布及其均值,并能解决简单的实际问题。

(3) 正态分布。

① 通过误差模型,了解服从正态分布的随机变量。通过具体实例,借助频率直方图的几何直观,了解正态分布的特征。

② 了解正态分布的均值、方差及其含义。

思考题

112. 普通高中数学选择性必修课程"概率"部分包括什么内容?每一部分内容的具体要求是什么?

3. 统计

本单元的学习,可以帮助学生了解样本相关系数的统计含义,了解一元线性回归模型和 2×2 列联表,运用这些方法解决简单的实际问题。会利用统计软件进行数据分析。

内容包括:成对数据的统计相关性、一元线性回归模型、2×2 列联表。

(1) 成对数据的统计相关性。

① 结合实例,了解样本相关系数的统计含义,了解样本相关系数与标准化数据向量夹角的关系。

② 结合实例,会通过相关系数比较多组成对数据的相关性。

(2) 一元线性回归模型。

① 结合具体实例,了解一元线性回归模型的含义,了解模型参数的统计意义,了解最小二乘原理,掌握一元线性回归模型参数的最小二乘估计方法,会使用相关的统计软件。

② 针对实际问题,会用一元线性回归模型进行预测。

(3) 2×2 列联表。

① 通过实例,理解 2×2 列联表的统计意义。

② 通过实例,了解 2×2 列联表独立性检验及其应用。

思考题

113. 普通高中数学选择性必修课程"统计"部分包括什么内容?每一部分内容的具体要求是什么?

(二) 教学提示

教师应通过典型案例开展教学活动,案例的情境应是丰富的、有趣的、学生熟悉的。

在案例教学中要重视过程,层次清楚,从具体到抽象,从实际到理论。

在计数原理的教学中,应结合具体情境,引导学生理解许多计数问题可以归结为分类和分步两类问题,引导学生根据计数原理分析问题、解决问题。

在概率的教学中,应引导学生通过具体实例,理解可以用随机变量更好地刻画随机现象,感悟随机变量与随机事件的关系;理解随机事件独立性与条件概率之间的关系;通过二项分布、超几何分布、正态分布的学习,理解随机变量及其分布。在教学过程中,应在引导学生利用所学知识解决一些实际问题的基础上,适当进行严格、准确的描述。

在统计的教学中,应通过具体案例,引导学生理解两个随机变量的相关性可以通过成对样本数据进行分析;理解利用一元线性回归模型可以研究变量之间的随机关系,进行预测;理解利用 2×2 列联表可以检验两个随机变量的独立性。在教学过程中,应通过具体案例引导学生参与数据分析的全过程,并鼓励学生使用相应的统计软件。

思考题

114. 普通高中数学选择性必修课程“计数原理”部分要求教师如何展开教学?

115. 普通高中数学选择性必修课程“概率”部分要求教师如何展开教学?

116. 普通高中数学选择性必修课程“统计”部分要求教师如何展开教学?

(三) 学业要求

能够结合具体实例,识别和理解分类加法计数原理和分步乘法计数原理及其作用,并能够运用这些原理解决简单的实际问题。

能够结合具体实例,理解排列、组合、二项式定理与两个计数原理的关系,能够运用两个计数原理推导排列、组合、二项式定理的相关公式,并能够运用它们解决简单的实际问题,特别是概率中的某些问题。

能够结合具体实例,理解随机事件的独立性和条件概率的关系,理解离散型随机变量在描述随机现象中的作用,掌握两个基本概率模型及其应用,了解正态分布的作用,进一步深入理解随机思想在解决实际问题中的作用。

能够解决成对数据统计相关性的简单实际问题。能够结合具体实例,掌握运用一元线性回归分析的方法。掌握运用 2×2 列联表的方法,解决独立性检验的简单实际问题。

重点提升数据分析、数学建模、逻辑推理、数学运算和数学抽象素养。

思考题

117. 普通高中数学选择性必修课程“概率与统计”能重点提升学生哪些数学学科核心素养?

四、数学建模活动与数学探究活动

(一) 内容要求

数学建模活动与数学探究活动以课题研究的形式开展。在选择性必修课程中,要求学生完成一个课题研究,可以是数学建模的课题研究,也可以是数学探究的课题研究。课题可以是学生在学习必修课程时已完成课题的延续,也可以是新的课题。

（二）教学提示

选题可以在教师的指导下，自主选题，也可以在必修课程中数学建模活动或数学探究活动的研究基础上继续进行深入探究。类似必修课程的要求，课题研究应经历选题、开题、做题、结题四个环节。如果选题不变，需要在研究报告中说明与必修课程中研究的差异，深入研究的新思路、新方法，得到的新结果。根据选题的内容，报告可以采用专题作业、测量报告、算法程序、制作的实物或研究论文等多种形式。

（三）学业要求

参考必修课程的“数学建模活动与数学探究活动”部分的学业要求。

第六节　课程内容(三)——选修课程

选修课程是由学校根据自身情况选择设置的课程，供学生依据个人志趣自主选择，分为 A，B，C，D，E 五类。

这些课程为学生确定发展方向提供引导，为学生展示数学才能提供平台，为学生发展数学兴趣提供选择，为大学自主招生提供参考。学生可以根据自己的志向和大学专业的要求选择学习其中的某些课程。

A 类课程是供有志于学习数理类（如数学、物理、计算机、精密仪器等）学生选择的课程。

B 类课程是供有志于学习经济、社会类（如数理经济、社会学等）和部分理工类（如化学、生物、机械等）学生选择的课程。

C 类课程是供有志于学习人文类（如语言、历史等）学生选择的课程。

D 类课程是供有志于学习体育、艺术（包括音乐、美术）类学生选择的课程。

E 类课程包括拓展视野、日常生活、地方特色的数学课程，还包括大学数学的先修课程等。大学数学先修课程包括：微积分、解析几何与线性代数、概率论与数理统计。

数学建模活动、数学探究活动、数学文化融入课程内容。

选修课程的修习情况应列为综合素质评价的内容。不同高等院校、不同专业的招生，根据需要可以对选修课程中某些内容提出要求。国家、地方政府、社会权威机构可以组织命题考试。考试成绩应存入学生个人学习档案，供高等院校自主招生参考。

思考题

118. 高中数学选修课程分为几类？分别是什么？

一、A 类课程

A 类课程包括微积分、空间向量与代数、概率与统计三个专题，其中微积分 2.5 学分，空间向量与代数 2 学分，概率与统计 1.5 学分。

思考题

119. 普通高中数学选修课程中 A 类课程包括的专题有（　　）。

A. 微积分　　　　B. 空间向量与代数

C. 概率与统计　　　　　　　　D. 逻辑推理初步

(一) 微积分

本专题在数列极限的基础上建立函数极限和连续的概念;在具体的情境中用极限刻画导数,给出借助导数研究函数性质的一般方法;通过极限建立微分和积分的概念,阐述微分和积分的关系(微积分基本定理)及其应用。本专题要考虑高中学生的接受能力,重视课程内容的实际背景,关注数学内容的直观理解,培养学生的数学抽象、数学运算、数学建模和逻辑推理素养,为进一步学习大学数学课程奠定基础。

内容包括:数列极限、函数极限、连续函数、导数与微分、定积分。

1. 数列极限

(1) 通过典型收敛数列的极限过程$\left(\text{当}\ n\to\infty\ \text{时}, \frac{1}{n}\to 0, \frac{n}{n+1}\to 1, q^n\to 0(0<|q|<1), a^{\frac{1}{n}}\to 1(a>0)\right)$,建立并理解数列极限的 $\varepsilon\text{-}N$ 定义。

(2) 探索并证明基本性质:收敛数列是有界数列。

(3) 通过典型单调有界数列$\left\{\frac{1}{n}\right\}$,$\left\{\frac{n}{n+1}\right\}$,$\{q^n\}(0<q<1)$,$\{a^{\frac{1}{n}}\}(a>0)$的收敛过程,理解基本事实:单调有界数列必有极限。

(4) 掌握数列极限的四则运算法则。

(5) 通过典型数列的收敛性,理解 e 的意义。

2. 函数极限

(1) 通过典型函数的极限过程(当 $x\to a$ 时,$x^2\to a^2$;当 $x\to a$ 时,$\sin x\to\sin a$;当 $x\to 0$ 时,$a^x\to 1(a>0$,且 $a\neq 1)$),理解函数极限的 $\varepsilon\text{-}\delta$ 定义。

(2) 掌握基本初等函数极限的四则运算。

(3) 掌握两个重要函数极限:$\lim\limits_{x\to 0}\frac{\sin x}{x}=1$,$\lim\limits_{x\to 0}(1+x)^{\frac{1}{x}}=\mathrm{e}$,并会求其简单变形的极限。

3. 连续函数

(1) 理解连续函数的定义。

(2) 了解闭区间上连续函数的有界性、介值性及其简单应用(例如,用二分法求方程近似解)。

4. 导数与微分

(1) 借助物理背景与几何背景理解导数的意义,并能给出导数的严格数学定义。

(2) 通过导函数的概念,掌握二阶导数的概念,了解二阶导数的物理意义与几何意义。

(3) 了解复合函数的求导公式。

(4) 理解并证明拉格朗日中值定理,并能用其讨论函数的单调性。

(5) 会利用拉格朗日中值定理,证明一些不等式(例如,当 $x>0$ 时,$\sin x<x$,$\ln(1+x)<x$)。

(6) 会利用导数讨论函数的极值问题,利用几何图形说明一个点是极值点的必要条件与充分条件(不要求数学证明)。

（7）了解微分的概念及其实际意义，并会用符号表示。

5. 定积分

（1）通过等分区间求特殊曲边梯形面积的极限过程，理解定积分的概念及其几何意义与物理意义。

（2）在单调函数定积分的计算过程中，通过微分感悟积分与导数的关系，理解并掌握牛顿-莱布尼茨公式 $f(b)-f(a)=\int_a^b f'(t)\mathrm{d}t$。

（3）会利用导数表和牛顿-莱布尼茨公式，求一些简单函数的定积分。

（4）会利用定积分计算某些封闭图形的面积，计算球、圆锥、圆台和某些三棱锥、三棱台的体积；能利用定积分解决简单的做功问题和重心问题。

思考题

120. 普通高中数学选修课程中A类课程的“微积分”部分包括什么内容？每一部分内容的具体要求是什么？

（二）空间向量与代数

本专题在必修课程和选择性必修课程的基础上，通过系统学习三维空间的向量代数，表述各种运算的几何背景，实现几何与代数的融合。引入矩阵与行列式的概念，利用矩阵理论解三元一次方程组；利用向量代数，讨论三维空间中点、直线、平面的位置关系与度量；利用直观想象建立平面和空间的等距变换理论。将空间几何与线性代数融合在一起，把握问题的本质，为代数理论提供几何背景，用代数方法解决几何问题，进而解决实际问题，为大学线性代数课程的学习奠定直观基础。

内容包括：空间向量代数、三阶矩阵与行列式、三元一次方程组、空间中的平面与直线、等距变换。

1. 空间向量代数

（1）通过几何直观，理解向量运算的几何意义。

（2）探索并解释空间向量的内积与外积及其几何意义。

（3）理解向量的投影与分解及其几何意义，并会应用。

（4）掌握向量组的线性相关性，并能加以判断。

（5）掌握向量的线性运算，理解向量空间与子空间的概念。

2. 三阶矩阵与行列式

（1）通过几何直观引入矩阵概念，掌握矩阵的三种基本运算及其性质。

（2）了解正交矩阵及其基本性质，能用代数方法解决几何问题。

（3）掌握行列式定义与性质，会计算行列式。

3. 三元一次方程组

（1）通过实例，探索三元一次方程组的求解过程，理解三元一次方程组的常用解法（高斯消元法），会用矩阵表示三元一次方程组。

（2）掌握三元齐次线性方程组的解法，会表示一般解。

（3）掌握非齐次线性方程组有解的判定，建立线性方程组的理论基础。

（4）探索三元一次方程组解的结构，会表示一般解。

(5) 理解克拉默(Cramer)法则,会用克拉默法则求解三元一次方程组。

4. 空间中的平面与直线

(1) 通过向量的坐标表示,建立空间平面的方程。

(2) 掌握空间直线方程的含义,会用方程表示空间直线。

(3) 理解空间点、直线、平面的位置关系,会用代数方法判断空间点、直线、平面的位置关系,会求点到直线(平面)的距离。

5. 等距变换

(1) 了解平面变换的含义,理解平面的等距变换,特别是三种基本等距变换:直线反射、平移、旋转。

(2) 了解平面对称图形及变换群概念。

(3) 掌握常见平面等距变换及其矩阵表示。

(4) 了解空间变换的含义,理解空间的等距变换,特别是三种常见等距变换:平面反射、平移、旋转。

(5) 了解空间对称图形及变换群。

(6) 掌握常见空间等距变换及其矩阵表示。

思考题

121. 普通高中数学选修课程中A类课程的“空间向量与代数”部分包括什么内容?每一部分内容的具体要求是什么?

(三) 概率与统计

本专题在必修课程和选择性必修课程的基础上展开。在概率方面,通过具体实例,进一步学习连续型随机变量及其概率分布,二维随机向量及其联合分布,并运用这些数学模型,解决一些简单的实际问题。在统计方面,结合一些具体任务,学习参数估计、假设检验,并运用这些方法解决一些简单的实际问题;在一元线性回归分析的基础上,结合具体实例,进一步学习二元线性回归分析的方法,解决一些简单的实际问题。在教学活动中,要重视课程内容的实际背景,关注学生对数学内容的直观理解;要充分考虑高中学生的接受能力,更要注重学生数学学科核心素养的提升。

内容包括:连续型随机变量及其分布、二维随机变量及其联合分布、参数估计、假设检验、二元线性回归模型。

1. 连续型随机变量及其分布

(1) 借助具体实例,了解连续型随机变量及其分布,体会连续型随机变量与离散型随机变量的共性与差异。

(2) 结合生活中的实例,了解几个重要连续型随机变量的分布:均匀分布、正态分布、卡方分布、t-分布,理解这些分布中参数的意义,能进行简单应用。

(3) 了解连续型随机变量的均值和方差,知道均匀分布、正态分布、卡方分布、t-分布的均值和方差及其意义。

2. 二维随机变量及其联合分布

(1) 在学习一维离散型随机变量的基础上,通过实例,了解二维离散型随机变量的概念及其分布列、数字特征(均值、方差、协方差、相关系数),并能解决简单的实际问题。了解两个随机变量的独立性。

(2) 在学习一维正态随机变量的基础上，通过具体实例，了解二维正态随机变量及其联合分布，以及联合分布中参数的统计含义。

3. 参数估计

借助对具体实际问题的分析，知道矩估计和极大似然估计这两种参数估计方法，了解参数估计原理，能解决一些简单的实际问题。

4. 假设检验

(1) 了解假设检验的统计思想和基本概念。

(2) 借助具体实例，了解正态总体均值和方差检验的方法，了解两个正态总体的均值比较的方法。

(3) 结合具体实例，了解总体分布的拟合优度检验。

5. 二元线性回归模型

(1) 了解二维正态分布及其参数的意义。

(2) 了解二元线性回归模型，会用最小二乘原理对模型中的参数进行估计。

(3) 运用二元线性回归模型解决简单的实际问题。

思考题

122. 普通高中数学选修课程中A类课程的“概率与统计”部分包括什么内容？每一部分内容的具体要求是什么？

二、B类课程

B类课程包括微积分、空间向量与代数、应用统计、模型四个专题，其中微积分2学分，空间向量与代数1学分，应用统计2学分，模型1学分。

(一) 微积分

本专题在数列极限的基础上建立函数极限的概念；在具体的情境中用极限刻画导数，给出借助导数研究函数性质的一般方法；通过极限建立微分和积分的概念，阐述微分和积分的关系(微积分基本定理)及其应用。在学习一元函数的基础上，了解二元函数及其偏导数的概念。本专题要考虑高中学生接受能力，重视课程内容的实际背景，关注数学内容的直观理解，培养学生的运算能力，为进一步学习大学相关课程奠定基础。

内容包括：极限、导数与微分、定积分、二元函数。

1. 极限

(1) 通过典型数列$\left\{\frac{1}{n}\right\}$，$\left\{\frac{n}{n+1}\right\}$，$\{q^n\}$ $(0<q<1)$，了解数列的极限，掌握极限的符号，了解基本事实：单调有界数列必有极限。

(2) 通过具体函数 $f(x)=x^2$，$f(x)=\frac{1}{x}$，$f(x)=\sqrt{x}$，$f(x)=a^x$ $(a>0$，且 $a\neq 1)$，$f(x)=\cos x$，了解函数极限$\lim\limits_{x\to x_0}f(x)=A$ 和连续的概念，掌握极限的符号，了解闭区间上连续函数的性质。

2. 导数与微分

(1) 通过导数概念，理解二阶导数的概念，了解二阶导数的物理意义与几何意义；掌握一些基本初等函数的一阶导数与二阶导数。

(2) 理解拉格朗日中值定理,了解它的几何解释。

(3) 能利用导数讨论函数的单调性,并证明某些不等式(例如,当 $x>0$ 时,$\sin x<x$,$\ln(1+x)<x$)。

(4) 会利用导数讨论函数的极值问题,利用几何图形说明一个点是极值点的必要条件与充分条件(不要求数学证明)。

(5) 借助导数,会求闭区间上一元一次函数、一元二次函数、一元三次函数的最大值与最小值。

(6) 了解微分的概念及其实际意义,会用符号表示。

3. 定积分

(1) 了解闭区间上连续函数定积分的概念,理解其几何意义与物理意义。

(2) 能用等分区间方法计算特殊的黎曼和。

(3) 利用 $f(x)$的单调性、等分区间的方法、拉格朗日中值定理,推导牛顿-莱布尼茨公式 $f(b)-f(a)=\int_a^b f'(t)\mathrm{d}t$。

(4) 会利用定积分计算某些封闭平面图形的面积,计算球、圆锥、圆台和某些三棱锥、三棱台的体积。了解祖暅原理。

4. 二元函数

(1) 通过简单实例,掌握二元函数的背景。

(2) 了解偏导数的定义,能计算一些简单函数的偏导数。例如,已知 $f(x)$与 $g(y)$分别是基本初等函数,会求 $f(x)+g(y)$,$f(x)\cdot g(y)$的偏导数。

(3) 会求一些简单二元函数的驻点,并能求相应实际问题中的极值。

(4) 利用等高线法,会求一次函数 $f(x,y)=ax+by$ 在闭凸多边形区域上的最大值和最小值。

(5) 会求闭圆域、闭椭圆域上二元二次函数的最大值和最小值。

思考题

123. 普通高中数学选修课程中 B 类课程的“微积分”部分包括什么内容?每一部分内容的具体要求是什么?

(二) 空间向量与代数

本专题在必修课程和选择性选修课程的基础上,比较系统地学习三维空间的整体结构——向量代数,感悟几何与代数的融合。引入矩阵与行列式的概念,并讨论三元一次方程组解的结构。本专题中强调几何直观,把握问题的本质,培养学生数学运算、数学抽象、逻辑推理和直观想象等素养,为大学线性代数课程的学习奠定直观基础。

内容包括:空间向量代数、三阶矩阵和行列式、三元一次方程组。

1. 空间向量代数

(1) 通过几何直观,理解向量运算的几何意义。

(2) 探索并解释空间向量的内积与外积及其几何意义。

(3) 理解向量的投影与分解及其几何意义,并会应用。

(4) 掌握向量组的线性相关性,并能加以判断。

(5) 掌握向量的线性运算,理解(低维)向量空间与子空间的概念。

(6) 会求点到直线、点到平面的距离,两条异面直线的距离,直线与平面的夹角。

2. 三阶矩阵与行列式

(1) 通过几何直观引入矩阵概念,掌握矩阵的三种基本运算及其性质。

(2) 掌握行列式定义与性质,会计算行列式。

3. 三元一次方程组

(1) 通过实例,探索三元一次方程组的求解过程,理解三元一次方程组的常用解法(高斯消元法),会用矩阵表示三元一次方程组。

(2) 掌握三元齐次线性方程组的解法,会表示一般解。

(3) 掌握非齐次线性方程组有解的判定,建立线性方程组的理论基础。

(4) 探索三元一次方程组解的结构,会表示一般解。

(5) 理解克拉默(Cramer)法则,会用克拉默法则求解三元一次方程组。

思考题

124. 普通高中数学选修课程中 B 类课程的"空间向量与代数"部分包括什么内容?每一部分内容的具体要求是什么?

(三) 应用统计

本专题在必修课程和选择性必修课程的基础上展开。在概率方面,通过具体实例,进一步学习连续型随机变量及其概率分布,二维随机向量及其联合分布,并运用这些数学模型,解决一些简单的实际问题。在统计方面,结合一些具体任务,学习参数估计、假设检验和不依赖于分布的统计检验,并运用这些方法解决一些简单的实际问题;学习数据分析的两种特殊方法——聚类分析和正交设计。在教学活动中,要关注学生对数学内容的直观理解,充分考虑高中学生的接受能力;要重视课程内容的实际背景,更要重视课程内容的实际应用;要注重全面提升学生数学学科核心素养。

内容包括:连续型随机变量及其分布、二维随机变量及其联合分布、参数估计、假设检验、二元线性回归模型、聚类分析、正交设计。

1. 连续型随机变量及其分布

(1) 借助具体实例,了解连续型随机变量及其分布,体会连续型随机变量与离散型随机变量的共性与差异。

(2) 结合生活中的实例,了解几个重要连续型随机变量的分布:均匀分布、正态分布、卡方分布、t-分布,理解这些分布中参数的意义,能进行简单应用。

(3) 了解连续型随机变量的均值和方差,知道均匀分布、正态分布、卡方分布、t-分布的均值和方差及其意义。

2. 二维随机变量及其联合分布

(1) 在学习一维离散型随机变量的基础上,通过实例,了解二维离散型随机变量的概念及其分布列、数字特征(均值、方差、协方差、相关系数),并能解决简单的实际问题。了解两个随机变量的独立性。

(2) 在学习一维正态随机变量的基础上,通过具体实例,了解二维正态随机变量及其联合分布,以及联合分布中参数的统计含义。

3. 参数估计

借助对具体实际问题的分析,知道矩估计和极大似然估计这两种参数估计方法,了解参数估计原理,能解决一些简单的实际问题。

4. 假设检验

(1) 了解假设检验的统计思想和基本概念。

(2) 借助具体实例,了解正态总体均值和方差检验的方法,了解两个正态总体的均值比较的方法。

(3) 结合具体实例,了解总体分布的拟合优度检验。

5. 二元线性回归模型

(1) 了解二维正态分布及其参数的意义。

(2) 了解二元线性回归模型,会用最小二乘原理对模型中的参数进行估计。

(3) 运用二元线性回归模型解决简单的实际问题。

6. 聚类分析

(1) 借助具体实例,了解聚类分析的意义。

(2) 借助具体实例,了解几种聚类分析的方法,能解决一些简单的实际问题。

7. 正交设计

(1) 借助具体实例,了解正交设计原理。

(2) 借助具体实例,了解正交表,能用正交表进行实验设计。

思考题

125. 普通高中数学选修课程中 B 类课程的“应用统计”部分包括什么内容?每一部分内容的具体要求是什么?

(四) 模型

本专题在必修课程和选择性必修课程的基础上,通过大量的实际问题,建立一些基本的数学模型,包括线性模型、二次曲线模型、指数函数模型、三角函数模型、参变数模型。在教学中,要重视这些模型的背景、形成过程、应用范围,提升数学建模、数学抽象、数学运算和直观想象素养,提升实践能力和创新能力。

内容包括:线性模型、二次曲线模型、指数函数模型、三角函数模型、参变数模型。

1. 线性模型

(1) 结合实际问题,了解一维线性模型,理解一次函数与均匀变化的关系,并能发现生活中均匀变化的实际问题。

(2) 结合实际问题,了解二维线性模型,探索平面上一些图形的变化,并能理解一维线性模型与二维线性模型的异同(例如,矩阵 A 是对角矩阵)。

(3) 结合实际问题,了解三维线性模型,如经济学上的投入产出模型。

2. 二次曲线模型

借助实例(如光学模型、自由落体、边际效应),了解二次曲线模型的含义和特征,体会二次曲线模型的实际意义。

3. 指数函数模型

借助有关增长率的实际问题(如种群增长、放射物衰减),理解指数函数模型,感受增长率是常数的事物的单调变化。

4. 三角函数模型

借助具体实例，理解一类波动问题（如光波、声波、电磁波）等周期现象可以用三角函数刻画。

5. 参变数模型

(1) 借助具体实例，理解平面上的参变数模型，如弹道模型。

(2) 借助具体实例，理解空间上的参变数模型，如螺旋曲线。

(3) 借助一些用参变数方程描述的物理问题与几何问题，理解参变数的意义，掌握参变数变化的范围。

思考题

126. 普通高中数学选修课程中 B 类课程的“模型”部分包括什么内容？每一部分内容的具体要求是什么？

三、C 类课程

C 类课程包括逻辑推理初步、数学模型、社会调查与数据分析三个专题，每个专题 2 学分。

(一) 逻辑推理初步

本专题内容以数学推理为主线展开，将相关逻辑知识与数学推理有机融合。通过本专题的学习，能进一步认识逻辑推理的本质，体会其在数学推理、论证中的作用；能运用相关数学逻辑知识正确表述自己的思想、解释社会生活中的现象，提高逻辑思维能力，发展逻辑推理素养。

内容包括：数学定义、命题和推理，数学推理的前提，数学推理的类型，数学证明的主要方法，公理化思想。

1. 数学定义、命题和推理

通过实例，了解数学定义和数学命题，知道数学定义的基本方式，了解数学命题的表达形式，了解数学定义、数学命题和数学推理之间的关系。能理解数学命题中的条件和结论；结合实例，能对充分条件、必要条件、充要条件进行判断。

历年真题

【1.14】 (2013 年上)下列陈述可以作为数学定义的有(　　)。

① 不同在任何一个平面内的两条直线称为异面直线

② 无穷小量是无限趋向于 0 的量

③ 渐近线是与曲线很接近的直线

A. ①　　B. ②　　C. ①②　　D. ①②③

参考答案：

本题答案选 A。

2. 数学推理的前提

理解同一律、矛盾律、排中律的含义,通过实例认识它们在数学推理中的作用,能在数学推理中认识推理前提的重要性。能通过实例,区分排中律与矛盾律,能在推理中正确运用排中律。

3. 数学推理的类型

结合学过的数学实例和生活中的实例,理解演绎推理、归纳和类比推理,在这些推理的过程中,认识数学推理的传递性。知道利用推理能够得到和验证数学的结果。通过数学和生活中的实例,认识或然性推理和必然性推理的区别。

历年真题

【1.15】 (2017 年上)推理一般包括合情推理与演绎推理。

(1) 请分别阐述合情推理与演绎推理的含义。

(2) 举例说明合情推理与演绎推理在解决数学问题中的作用,并阐述二者间的关系。

参考答案:

(1) 合情推理是根据已有的事实和正确的结论(包括定义、公理、定理等)、实验和实践的结果,以及个人的经验和直觉等推测某些结果的推理过程。演绎推理是根据已有的事实和正确的结论(包括定义、公理、定理等)按照严格的逻辑法则得到新结论的推理过程。

(2) 在解决问题的过程中,合情推理具有猜测和发现结论、探索和提供思路的作用,有利于创新意识的培养。例如,在研究球体时,我们会自然地联想到圆。由于球与圆在形状上有类似的地方,即都具有完美的对称性,都是到定点的距离等于定长的点的集合,因此我们推测圆的一些特征球也可能有。例如,圆有切线,切线与圆只交于一点,切点到圆心的距离等于圆的半径;对于球,类比推测可能存在这样的平面,与球只交于一点,该点到球心的距离等于球的半径。再如,平面内不共线的 3 个点确定一个圆,对于球,类比猜想空间中不共面的 4 个点确定一个球等。

演绎推理是数学中严格证明的工具,在解决数学问题中起着重要的作用。“三段论”是演绎推理的一般模式,前提和结论之间存在必然的联系,只要前提是真实的,推理的形式是正确的,那么结论也必定是正确的。例如,三角函数都是周期函数,$\sin x$ 是三角函数,因此推导证明出该函数是周期函数。再如,证明函数 $f(x)=-x^2+2x$ 在 $(-\infty,1)$ 上是增函数,大前提是增函数的定义,小前提是推导函数 $f(x)$ 在 $(-\infty,1)$ 上满足增函数的定义,进而得出结论。

合情推理从推理形式上看,是由部分到整体、个别到一般,即由特殊到一般的推理;而演绎推理是由一般到特殊的推理。从推理所得的结论来看,合情推理的结论不一定正确,有待进一步证明;演绎推理在大前提、小前提和推理形式都正确的前提下,得到的结论一定正确。演绎推理是证明数学结论、建立数学体系的重要思维过程。但数学结论、证明思路等的发现,主要靠合情推理。因此,合情推理与演绎推理是相辅相成的。

4. 数学证明的主要方法

通过数学实例,认识一些常用的数学证明方法,理解这些证明方法在数学和生活中的意义。

5. 公理化思想

通过数学史和其他领域的典型事例，了解数学公理化的含义，了解公理体系的独立性、相容性、完备性，了解公理化思想在数学、自然科学及社会科学中的运用，体会公理化思想的意义和价值。

思考题

127. 普通高中数学选修课程中C类课程的“逻辑推理初步”部分包括什么内容？每一部分内容的具体要求是什么？

128. 普通高中数学选修课程中C类课程的“逻辑推理初步”要求学生了解公理体系的性质包括(　　)。

A. 独立性　　B. 相容性

C. 多元性　　D. 互斥性

(二) 数学模型

本专题在必修课程和选择性必修课程的基础上，通过具体实例，建立一些基于数学表达的经济模型和社会模型，包括存款贷款模型、投入产出模型、经济增长模型、凯恩斯模型、生产函数模型、等级评价模型、人口增长模型、信度评价模型等。在教学活动中，要让学生知道这些模型形成的背景、数学表达的道理、模型参数的意义、模型适用的范围，提升数学建模、数学抽象、数学运算和直观想象素养；知道其中的有些模型(以及模型的衍生)获得诺贝尔经济学奖的理由，理解数学的应用，提高学习数学的兴趣，提升实践能力和创新能力。

内容包括：经济数学模型、社会数学模型。

1. 经济数学模型

(1) 存款贷款模型(指数函数模型)

通过对存款等实际问题的分析，抽象出复利模型；通过对住房贷款等实际问题的分析，抽象出等额本金付款模型。了解这些模型各自的特点，能用这样的模型解决简单的实际问题。

(2) 投入产出模型(线性方程组模型)

了解投入产出模型的背景和意义，理解模型是如何通过线性方程组中的系数和解约束自变量，从而实现组合生产的计划。能用投入产出模型分析并解决简单的实际问题。

(3) 经济增长模型(线性回归模型)

利用我国改革开放以后经济发展数据，通过实践与GDP(或者人均GDP)之间的关系建立线性回归模型(或者分段的线性回归模型)，估计其中的参数，理解参数的意义。能用同样的方法分析简单的经济现象。

(4) 凯恩斯模型(经济理论模型)

了解如何通过收入、消费和投资之间的关系建立数学模型，体会模型中系数的乘数效应，体会扩大消费与经济发展、增加国民收入之间的关系，能用模型解释简单的经济现象。

(5) 生产函数模型(对数线性模型)

了解生产理论中柯布-道格拉斯(Cobb-Douglas)生产函数，知道如何用数学语言表达生产与劳动投入、资本投入之间的关系,知道如何把这样的表达转化为对数线性模型、如何对其中的参数进行估计,能解决简单的实际问题。

2. 社会数学模型

(1) 等级评价模型(平均数模型)

结合具体实例(如产品质量评价、热点问题筛选、跳水等技能或全能等综合性体育运动评分),了解加权平均、调和平均、稳健平均等评价模型的特点及适用范围,能用这样的模型解决简单实际问题。

(2) 人口增长模型(指数函数模型)

结合实例(如我国人口增长数据),了解为什么可以用指数增长模型刻画人口变化的规律,知道模型中参数的意义,知道如何用模型拟合实际数据,并能判断拟合的有效性。

(3) 信度评价模型(Logistic 回归模型)

对于银行贷款用户、信用卡用户等涉及信度的问题,知道用 Logistic 回归模型进行信度评级的道理,知道构造两级(好、差)或三级(好、中、差)进行评价的方法,并会简单应用。

思考题

129. 普通高中数学选修课程中 C 类课程的"数学模型"部分包括什么内容? 每一部分内容的具体要求是什么?

(三) 社会调查与数据分析

社会调查是学生进入社会要掌握的基本能力。本专题在必修课程和选择性必修课程的基础上,结合社会调查的实际问题和在社会调查中的一些关键环节,引导学生经历社会调查的全过程,包括社会调查方案的设计、抽样设计、数据分析、报告的撰写,并结合具体社会调查案例,分析在社会调查实施过程中可能遇到的问题,以及解决这些问题的对策。本专题的基本特点是实用、具体、有效、有趣。在完成社会调查任务的过程中,要注意引导学生充分运用概率与统计知识,避免采用不科学的社会调查方法与数据分析方法,全面提升学生数学学科核心素养。

内容包括:社会调查概论、社会调查方案设计、抽样设计、社会调查数据分析、社会调查数据报告、社会调查案例选讲。

1. 社会调查概论

(1) 结合实例,了解社会调查的使用范围、分类和意义。

(2) 针对具体问题,了解社会调查的基本步骤:项目确定、方案设计、组织实施、数据分析、形成报告。

2. 社会调查方案设计

(1) 结合实例,了解调查方案设计的基本内容:目的、内容、对象、项目、方式、方法等。

(2) 结合实例,探索调查方案的可行性评估。

(3) 结合实例,了解问卷设计的主要问题:问卷的结构与常用量表、问卷设计的程序与技巧。

(4) 结合实例,掌握社会调查基本方法:文案调查法、观察法、访谈法、德尔菲法、电话法等。

3. 抽样设计

在必修课程学习的抽样方法(简单随机抽样、分层抽样)的基础上,了解二阶与多阶抽样,能根据具体情境选择合适的抽样方法。

4. 社会调查数据分析

(1) 结合具体实例,整理调查数据,了解常用统计图表(频数表、交叉表、直方图、茎叶图、扇形图、雷达图、箱线图)及常用统计量(均值、众数、中位数、百分位数),能确定各种抽样方法的样本量。

(2) 结合具体实例,了解相关分析、回归分析、多元统计分析。

5. 社会调查数据报告

掌握社会调查报告的基本要求及基本内容,能做出简单的、完整的社会调查数据报告。

6. 社会调查案例选讲

通过典型案例的学习,理解社会调查的意义。

思考题

130. 普通高中数学选修课程中C类课程的“社会调查与数据分析”部分包括什么内容？每一部分内容的具体要求是什么？

四、D类课程

D类课程包括美与数学、音乐中的数学、美术中的数学、体育运动中的数学四个专题,每个专题1学分。

思考题

131. 普通高中数学课程中的选修课程有5类,其中D类课程的专题有(　　)。

A. 美与数学　　B. 音乐中的数学

C. 美术中的数学　　D. 体育运动中的数学

(一) 美与数学

学会审美不仅可以陶冶情操,而且能够改善思维品质。本专题尝试从数学的角度刻画审美的共性,主要包括：简洁、对称、周期、和谐等。通过本专题的学习,学生对美的感受能够从感性走向理性,提升有志于从事艺术、体育事业学生的审美情趣和审美能力,在形象思维的基础上增强理性思维能力。

内容包括：美与数学的简洁、美与数学的对称、美与数学的周期、美与数学的和谐。

思考题

132. 结合具体实例谈谈你眼中的数学美在哪里。

133. 我们可以从数学的角度刻画审美的共性,数学主要可以刻画现实世界中的哪些美？(　　)

A. 简洁美　　B. 对称美

C. 周期美　　D. 和谐美

1. 美与数学的简洁

数学可以刻画现实世界中的简洁美。例如,太阳、满月、车轮、井盖形状等美的共性与圆相关,抛物运动、行星运动轨迹等美的共性与二次曲线相关,DNA结构、向日葵花盘、海螺等美的共性与特殊曲线相关，家具、日用品、冷却塔、建筑物外形等美的共性与简单曲面相关，雪花、云彩、群山、海岸线、某些现代设计等美的共性与分形相关。

思考题

134. 如何理解数学的“简洁美”，举例说明。

2. 美与数学的对称

数学可以刻画现实世界中的对称美。例如，某些动物形体、飞机造型、某些建筑物外形等美的共性与空间反射对称相关，剪纸、脸谱、风筝等传统艺术美的共性与轴对称相关，晶体等美的共性与中心对称相关，带饰、面饰等美的共性与平移对称、中心对称、轴对称相关。循环赛制、守恒定律也具有对称美。

思考题

135. 如何理解数学的“对称美”，举例说明。

3. 美与数学的周期

数学可以刻画现实世界中的周期美。例如，昼夜交替、四季循环、日月星辰运动规律、海洋波浪等美的共性与周期相关，乐曲创作、图案设计中美的共性与周期相关。

思考题

136. 如何理解数学的“周期美”，举例说明。

4. 美与数学的和谐

数学可以刻画现实世界中的和谐美。例如，人体结构、建筑物、国旗、绘画、优选法等美的共性与黄金分割相关，苗木生长、动物繁殖、向日葵种子排列规律等美的共性与斐波那契数列相关。

思考题

137. 如何理解数学的“和谐美”，举例说明。

(二) 音乐中的数学

音乐的要素——音高、音响、音色、节拍、乐音、乐曲、乐器等都与数学相关，特别是音的律制与数学的关系十分密切。通过本专题的学习，学生能够更加理性地理解音乐，鉴赏音乐的美，提升有志于从事音乐事业学生的数学修养，增强理性思维能力。

内容包括：声波与正弦函数，律制、音阶与数列，乐曲的节拍与分数，乐器中的数学，乐曲中的数学。

1. 声波与正弦函数

纯音可以用正弦函数来表达，音高与正弦函数的频率相关，响度与正弦函数的振幅相关，和声、音色与正弦函数的叠加相关。

2. 律制、音阶与数列

音的律制用以规定音阶，三分损益律、五度相生律、纯律的音阶均与频率比、弦长比相关，十二平均律与等比数列相关。五线谱能够科学地记录乐曲。

3. 乐曲的节拍与分数

乐曲的小节、拍、拍号与分数相关，套曲的钢琴演奏与最小公倍数相关。

4. 乐器中的数学

键盘乐器(如钢琴)、弦乐器(如小提琴、二胡)、管乐器(如长笛)的发声、共鸣等,都与数学相关。

5. 乐曲中的数学

乐曲中的高潮点、乐曲调性的转换点,常与黄金分割相关;乐曲的创作既与平移、反射、伸缩等变换相关,也与排列、组合相关。

思考题

138. 有人说音乐和数学是风马牛不相及的两门学科,你同意这样的说法吗? 结合具体实例谈谈你的看法。

139. 普通高中数学选修课程中D类课程的“音乐中的数学”部分主要包括什么内容?

(三) 美术中的数学

美术主要包括绘画、雕塑、工艺美术、建筑艺术,以及书法、篆刻艺术等。通过本专题的学习,可以帮助学生了解类术中的平移、对称、黄金分割、透视几何等数学方法,了解计算机美术的基本概念和方法,了解美术家在创作过程中所蕴含的数学思想,体会数学在美术中的作用,更加理性地鉴赏美术作品,提升直观想象和数学抽象素养。在教学过程中,应以具体实例为主线展开,将美术作品与相关的数学知识有机联系起来。

内容包括:绘画与数学、其他美术作品中的数学、美术与计算机、美术家的数学思想。

1. 绘画与数学

名画中的数学元素,绘画中的平移与对称,绘画中的黄金分割,绘画中的透视几何。

2. 其他美术作品中的数学

雕塑中的黄金分割,建筑中的对称,工艺品中的对称,邮票中的数学,书法中的黄金分割。

3. 美术与计算机

计算机绘画的发展背景,计算机绘画所需的硬件和软件,计算机绘画实例。

4. 美术家的数学思想

达·芬奇、毕加索、埃舍尔等的数学思想。

思考题

140. 有人说美术和数学是风马牛不相及的两门学科,你同意这样的说法吗? 结合具体实例谈谈你的看法。

(四) 体育运动中的数学

在体育运动中,无论是运动本身还是与运动有关的事都蕴含着许多数学原理。例如,田径运动中的速度、角度、运动曲线,比赛场次安排、运动器械与运动场馆设计等。通过本专题的学习,学生能运用数学知识探索提高运动效率的途径,能运用数学方法合理安排赛事,提升有志于从事体育事业学生的数学修养,增强理性思维能力。

内容包括:运动场上的数学原理、运动成绩的数据分析、运动赛事中的运筹帷幄、体育用具及设施中的数学知识。

1. 运动场上的数学原理

了解与田径运动、球类运动、体操运动、水上运动等相关的数学原理，探索如何提高运动效率和运动成绩。例如，根据向量分解的原理指导运动员进行跳高、跳远和投掷。

2. 运动成绩的数据分析

通过健康指标和运动成绩的数据，运用概率与统计知识寻求规律、探索合理方案。例如，通过日常运动和健康状况的数据，分析运动与健康的关系。

3. 运动赛事中的运筹帷幄

知道能借助图论、运筹等数学知识分析体育赛事的规律，进行合理安排，提升教练员的指挥策略，改善运动员赛场上的应对策略。

4. 体育用具及设施中的数学知识

知道在大多数体育运动用具和场馆的设计中都运用了数学知识，例如，足球、乒乓球的制作，网球拍的构造，标准跑道的规划；通过数学曲面感悟“鸟巢”“水立方”等体育设施的设计原理。

思考题

141. 有人说体育和数学是风马牛不相及的两门学科，你同意这样的说法吗？结合具体实例谈谈你的看法。

五、E 类课程

E 类课程是学校根据自身的需求开发或选用的课程，包括拓展视野、日常生活、地方特色的数学课程，还包括大学数学的先修课程等。

(1) 拓展视野的数学课程。例如，机器人与数学、对称与群、球面上的几何、欧拉公式与闭曲面分类、数列与差分、初等数论初步。

(2) 日常生活的数学课程。例如，生活中的数学、家庭理财与数学。

(3) 地方特色的数学课程。例如，地方建筑与数学、家乡经济发展的社会调查与数据分析。

(4) 大学数学的先修课程。包括微积分、解析几何与线性代数、概率论与数理统计。

思考题

142. 普通高中数学选修课程中的 E 类课程主要包括哪些课程？

143. 普通高中数学选修课程中 E 类课程“大学数学先修课程”部分包括(　　)。

A. 微积分　　B. 解析几何与线性代数

C. 概率论与数理统计　　D. 复变函数与常微分方程

第七节　学业质量

一、学业质量内涵

学业质量是学生在完成本学科课程学习后的学业成就表现。学业质量标准是以本学科核心素养及其表现水平为主要维度，结合课程内容，对学生学业成就表现的总体刻画。依据不同水平学业成就表现的关键特征，学业质量标准明确将学业质量划分为不同水平，并描述了不同水平学习结果的具体表现。数学学科学业质量是应该达成的数学学科核心素养的目标，是数学学科核心素养水平与课程内容的有机结合。学业质量是学生自主学习与评价、教师教学活动与评价、教材编写的指导性要求，也是相应考试命题的依据。

思考题

144. 什么是学业质量？什么是学业质量标准？学业质量的意义是什么？

二、学业质量水平

数学学业质量水平是六个数学学科核心素养水平的综合表现。每一个数学学科核心素养划分为三个水平，每一个水平是通过数学学科核心素养的具体表现和体现数学学科核心素养的四个方面进行表述的，体现数学学科核心素养的四个方面如下。

(1) 情境与问题：情境主要是指现实情境、数学情境、科学情境，问题是指在情境中提出的数学问题。

(2) 知识与技能：主要是指能够帮助学生形成相应数学学科核心素养的知识与技能。

(3) 思维与表达：主要是指数学活动过程中反映的思维品质、表述的严谨性和准确性。

(4) 交流与反思：主要是指能够用数学语言直观地解释和交流数学的概念、结论、应用和思想方法，并能进行评价、总结与拓展。

思考题

145. 体现普通高中数学学科核心素养的四个方面不包括(　　)。

A. 情境与问题　　　　B. 知识与技能

C. 思维与表达　　　　D. 情感与态度

146. “情境与问题”是体现普通高中数学学科核心素养的一个方面，其中的情境主要指的是哪些情境？请针对每一种情境举一个例子简要说明。

147. “交流与反思”是体现普通高中数学学科核心素养的一个方面，其内容主要有哪些？请举例说明。

三、学业水平质量描述

1. 水平一的质量描述

能够在熟悉的情境中，直接抽象出数学概念和规则；能够用归纳或类比的方法，发现数量或图形的性质、数量关系或图形关系，形成简单的数学命题；能够抽象出实物的几何图形，建立简单图形与实物之间的联系，体会图形与图形、图形与数量的关系；了解随机现象及简单的概率或统计问题；了解熟悉的数学模型的实际背景及其数学描述，了解数学模型中的参数、结论的实际含义；能够在熟悉的数学情境中了解运算对象，提出运算问题。

能够在熟悉的数学情境中,解释数学概念和规则的含义,了解数学命题的条件与结论之间的逻辑关系,抽象出数学问题;能够通过熟悉的例子理解归纳推理、类比推理和演绎推理的基本形式,识别归纳推理、类比推理、演绎推理;掌握一些基本命题与定理的证明,并有条理地表述论证过程;能够借助图形的性质和变换(平移、对称、旋转)发现数学规律;能够描述简单图形的位置关系和度量关系及其特有性质;能够了解运算法则及其适用范围,正确进行运算;能够根据问题的特征形成合适的运算思路;能够对熟悉的概率问题,选择合适的概率模型;能够对熟悉的统计问题,选择合适的抽样方法收集数据,掌握描述、刻画、分析数据的基本统计方法;能够解决简单的数学应用问题,知道数学建模的过程包括提出问题、建立模型、求解模型、检验给果、完善模型;能够在熟悉的实际情境中,模仿学过的数学建模过程解决问题。

能够了解用数学语言表达的推理和论证;能够在解决相似的问题中感悟数学的通性通法;能够用图形描述和表达熟悉的数学问题、启迪解决这些问题的思路,体会数形结合;能够体会运算法则的意义和作用,运用运算验证简单的数学结论;能够用概率和统计的语言表达简单的随机现象;能够结合熟悉的实例,体会概率的意义,感悟统计方法的作用;对于学过的数学模型,能够举例说明数学建模的意义,体会其蕴含的数学思想。

能够在交流的过程中,结合实际情境解释相关的抽象概念;能够在日常生活中利用图形直观进行交流;能够用统计图表和简单概率模型解释熟悉的随机现象;能够用运算的结果、借助或引用已有数学建模的结果说明问题;能够明确所讨论问题的内涵,有条理地表达观点。

2. 水平二的质量描述

能够在关联的情境中,抽象出一般的数学概念和规则,确定运算对象和随机现象,发现问题并提出或转化为数学问题;能够想象并构建相应的几何图形,发现图形与图形、图形与数量的关系,探索图形的运动规律;能够理解归纳、类比是发现和提出数学命题的重要途径;能够将已知数学命题推广到更一般的情形;能够在新的情境中选择和运用数学方法解决问题。

能够用恰当的例子解释抽象的数学概念和规则;能够理解数学命题的条件与结论,通过分析相关数学命题的条件与结论,探索论证的思路,选择合适的论证方法予以证明;能够理解和构建相关数学知识之间的联系;能够通过举反例说明某些数学结论不成立;能够掌握研究图形与图形、图形与数量之间关系的基本方法,借助图形性质探索数学规律,解决实际问题或数学问题;能够针对运算问题,合理选择运算方法、设计运算程序,运算求解;能够选择合适的数学模型表达所要解决的数学问题,理解模型中参数的意义,知道如何确定参数、建立模型、求解模型;能够根据问题的实际意义检验结果、完善模型、解决问题;能够针对具体问题,选择离散型随机变量或连续型随机变量刻画随机现象,理解抽样方法的统计意义,运用适当的概率或统计模型解决问题。

能够理解用数学语言表达的概念、规则、推理和论证,理解相关概念、命题、定理之间的逻辑关系,提炼出解决一类问题的数学方法,理解其中的数学思想,初步建立网状的知识结构;能够用图形探索解决问题的思路,形成数形结合的思想;能够理解运算是一种演绎推理,在综合运用运算方法解决问题的过程中,形成规范化思考问题的品质;能够在关联的情境中,经历数学建模的过程,运用数学语言,表述数学建模过程中的问题以及解决问题的过程和结果，形成研究报告，展示研究成果；能够在运用统计方法解决问题的过程中解释统计结果，感悟归纳推理的作用；能够用概率或统计模型表达随机现象的统计规律。

在交流的过程中，能够用一般的概念解释具体现象；能够利用直观想象、数学运算探讨数学问题；能够用数据呈现的规律解释随机现象；能够用模型的思想说明问题。能够在交流的过程中围绕主题，观点明确，论述有理有据，并能用准确的数学语言表述论证过程。

3. 水平三的质量描述

能够在综合的情境中，发现其中蕴含的数学关系，用数学的眼光找到合适的研究对象，用恰当的数学语言予以表达，并运用数学思维进行分析，提出数学问题；能够借助图形探索解决问题的思路；能够在得到的数学结论基础上形成新命题。

能够通过数学对象、运算或关系理解数学的抽象结构；能够掌握不同的逻辑推理方法；能够对较复杂的数学问题，通过构建过渡性命题，探索论证的途径，解决问题；能够对较复杂的运算问题，设计算法，构造运算程序，解决问题；能够综合利用图形与图形、图形与数量之间的关系，理解数学各分支之间的联系；能够借助直观想象建立数学与其他学科的联系，并形成理论体系的直观模型，感悟高度概括、有序多级的数学知识体系；能够在现实世界中发现问题，运用数学建模的一般方法和相关知识，创造性地建立数学模型，解决问题；能够针对不同的问题，综合或创造性地运用概率统计知识，构造相应的概率或统计模型，解决问题。

在实际情境中，能够把握研究对象的数学特征，感悟通性通法的数学原理和其中蕴含的数学思想；能够运用数学语言，清晰、准确地表达数学论证和数学建模的过程和结果；能够理解建构数学体系的公理化思想；能够用程序思想理解与表达问题，理解程序思想与计算机解决问题的联系；能够通过想象对复杂的数学问题进行直观表达，抓住数学问题的本质，形成解决问题的思路，能够理解数据蕴含着信息，可以通过对信息的加工，得到数据所提供的知识和规律，理解数据分析在大数据时代的重要性。

在交流的过程中，能够用数学原理解释自然现象和社会现象；能够利用直观想象探讨问题的本质及其与数学的联系；能够用程序思想理解和解释问题；能够辨明随机现象，并运用恰当的数学语言进行表述；能够通过数学建模的结论和思想阐释科学规律和社会现象；能够合理地运用数学语言和思维进行跨学科的表达与交流。

思考题

148. 下列对普通高中数学学科核心素养水平的描述中，不属于水平一的是（　　）。

A. 能够通过熟悉的例子理解归纳推理、类比推理和演绎推理的基本形式，识别归纳推理、类比推理、演绎推理

B. 能够借助图形的性质和变换（平移、对称、旋转）发现数学规律

C. 能够在关联的情境中，抽象出一般的数学概念和规则，确定运算对象和随机现象，发现问题并提出或转化为数学问题

D. 能够用统计图表和简单概率模型解释熟悉的随机现象

149. 下列对普通高中数学学科核心素养水平的描述中，不属于水平三的是（　　）。

A. 能够在得到的数学结论基础上形成新命题

B. 能够合理地运用数学语言和思维进行跨学科的表达与交流
C. 在交流的过程中,能够用一般的概念解释具体现象
D. 能够针对不同的问题,综合或创造性地运用概率统计知识,构造相应的概率或统计模型,解决问题

四、学业质量水平与考试评价的关系

数学学业质量水平一是高中毕业应当达到的要求,也是高中毕业的数学学业水平考试的命题依据。

数学学业质量水平二是高考的要求,也是数学高考的命题依据。

数学学业质量水平三是基于必修、选择性必修和选修课程的某些内容对数学学科核心素养的达成提出的要求,可以作为大学自主招生的参考。

关于教学与评价的具体要求可参照本章第八节中的“教学与评价建议”,关于学业水平考试与高考命题的具体要求可参照本章第八节中的“学业水平考试与高考命题建议”,关于教材编写的具体要求可参照本章第八节中的“教材编写建议”。

思考题

150. 简述数学学业质量水平与不同种类考试的关系。

第八节 实施建议

一、教学与评价建议

在教学活动中,教师应准确把握课程目标、课程内容、学业质量的要求,合理设计教学目标,并通过相应的教学实施,在学生掌握知识技能的同时,促进数学学科核心素养的提升及水平的达成。在教学与评价中,要关注学生对具体内容的掌握情况,更要关注学生数学学科核心素养水平的表现;要关注数学学科核心素养各要素的不同特征及要求,更要关注数学学科核心素养的综合性与整体性。教师应结合相应的教学内容,落实“四基”,培养“四能”,促进学生数学学科核心素养的形成和发展,使其达到相应水平的要求,部分学生可以达到更高水平的要求。

思考题

151. 《普通高中数学课程标准》(2017年版)对教师的教学活动有什么要求?
152. 《普通高中数学课程标准》(2017年版)要求教师在教学与评价中怎么做?

(一) 教学建议

全面落实立德树人要求,深入挖掘数学学科的育人价值,树立以发展学生数学学科核心素养为导向的教学意识,将数学学科核心素养的培养贯穿于教学活动的全过程。在教学实践中,要不断探索和创新教学方式,不仅重视如何教,更要重视如何学,引导学生会学数学,养成良好的学习习惯;要努力激发学生数学学习的兴趣,促使更多的学生热爱

数学。

1. 教学目标制定要突出数学学科核心素养

数学学科核心素养是数学课程目标的集中体现,是在数学学习的过程中逐步形成的。教师在制定教学目标时要充分关注数学学科核心素养的达成;要深入理解数学学科核心素养的内涵、价值、表现、水平及其相互联系;要结合特定教学任务,思考相应数学学科核心素养在教学中的孕育点、生长点;要注意数学学科核心素养与具体教学内容的关联;要关注数学学科核心素养目标在教学中的可实现性,研究其融入教学内容和教学过程的具体方式及载体,在此基础上确定教学目标。

学生数学学科核心素养水平的达成不是一蹴而就的,具有阶段性、连续性、整合性等特点。教师应理解不同数学学科核心素养水平的具体要求,不仅关注每一节课的教学目标,更要关注主题、单元的教学目标,明晰这些目标对实现数学学科核心素养发展的贡献。在确定教学目标时,要把握好学生数学学科核心素养发展的各阶段目标之间的关系,合理设计各类课程的教学目标。

数学学科核心素养是“四基”的继承和发展。“四基”是培养学生数学学科核心素养的沃土,是发展学生数学学科核心素养的有效载体。教学中要引导学生理解基础知识,掌握基本技能,感悟数学基本思想,积累数学基本活动经验,促进学生数学学科核心素养的不断提升。

思考题

153. 普通高中数学学科核心素养和教学目标的制定有怎样的关系?在此基础上对教师展开教学活动有何要求?

2. 情境创设和问题设计要有利于发展数学学科核心素养

基于数学学科核心素养的教学活动应该把握数学的本质,创设合适的教学情境、提出合适的数学问题,引发学生思考与交流,形成和发展数学学科核心素养。

数学情境和数学问题是多样的、多层次的。教学情境包括:现实情境、数学情境、科学情境,每种情境可以分为熟悉的、关联的、综合的。数学问题是指在情境中提出的问题,分为简单问题、较复杂问题、复杂问题。数学学科核心素养在学生与情境、问题的有效互动中得到提升。在教学活动中,应结合教学任务及其蕴含的数学学科核心素养设计合适的情境和问题,引导学生用数学的眼光观察现象、发现问题,使用恰当的数学语言描述问题,用数学的思想、方法解决问题。在问题解决的过程中,理解数学内容的本质,促进学生数学学科核心素养的形成和发展。

设计合适的教学情境、提出合适的数学问题是有挑战性的,但也为教师的实践创新提供了平台。教师应不断学习、探索、研究、实践,提升自身的数学素养,了解数学知识之间、数学与生活、数学与其他学科的联系,开发出符合学生认知规律、有助于提升学生数学学科核心素养的优秀案例。

思考题

154. 普通高中数学学科的教学情境包括哪些?数学问题可分为哪几种问题?

155. 普通高中数学教师在教学活动中如何正确地创设情境、设计问题?

3. 整体把握教学内容,促进数学学科核心素养连续性和阶段性发展

数学学科核心素养的发展具有连续性和阶段性。教师要以数学学科核心素养为导向,抓住函数、几何与代数、概率与统计、数学建模活动与数学探究活动等内容主线,明晰数学学科核心素养在内容体系形成中表现出的连续性和阶段性,引导学生从整体上把握课程,实现学生数学学科核心素养的形成和发展。

数学建模活动与数学探究活动是综合提升数学学科核心素养的载体。教师应整体设计、分步实施数学建模活动与数学探究活动,引导学生从类比、模仿到自主创新、从局部实施到整体构想,经历“选题、开题、做题、结题”的活动过程,积累发现和提出问题、分析和解决问题的经验,养成独立思考与合作交流的习惯。应引导学生遵守学术规范,坚守诚信底线。

数学文化应融入数学教学活动。在教学活动中,教师应有意识地结合相应的教学内容,将数学文化渗透在日常教学中,引导学生了解数学的发展历程,认识数学在科学技术、社会发展中的作用,感悟数学的价值,提升学生的科学精神、应用意识和人文素养,将数学文化融入教学,还有利于激发学生的数学学习兴趣,有利于学生进一步理解数学,有利于开拓学生视野、提升数学学科核心素养。

思考题

156. 普通高中数学教师在开展教学活动时,如何正确把握教学内容?

157. 普通高中数学教师如何开展“数学建模与数学探究活动”部分的教学?

158. 普通高中数学教师如何将数学文化融入数学教学活动中?

4. 既要重视教,更要重视学,促进学生学会学习

教师要把教学活动的重心放在促进学生学会学习上,积极探索有利于促进学生学习的多样化教学方式,不仅限于讲授与练习,也包括引导学生阅读自学、独立思考、动手实践、自主探索、合作交流等。教师要善于根据不同的内容和学习任务采用不同的教学方式,优化教学,抓住关键的教学与学习环节,增强实效。例如,丰富作业的形式,提高作业的质量,提升学生完成作业的自主性、有效性。

教师要加强学习方法指导,帮助学生养成良好的数学学习习惯,敢于质疑、善于思考,理解概念、把握本质,数形结合、明晰算理,厘清知识的来龙去脉,建立知识之间的关联。教师还可以根据自身教学经验和学生学习的个性特点,引导学生总结出一些具有针对性的学习方式,因材施教。

思考题

159. 根据《普通高中数学课程标准》(2017 年版),谈谈你对“教师的教”和“学生的学”两者之间关系的认识,在此基础上,教师又该如何正确开展教学活动?

5. 重视信息技术运用,实现信息技术与数学课程的深度融合

在“互联网+”时代,信息技术的广泛应用正在对数学教育产生深刻影响。在数学教学中,信息技术是学生学习和教师教学的重要辅助手段,为师生交流、生生交流、人机交流搭建了平台,为学习和教学提供了丰富的资源。因此,教师应重视信息技术的运用,优化课堂教学,转变教学与学习方式。例如,为学生理解概念创设背景,为学生探索规律启发思路,为学生解决问题提供直观,引导学生自主获取资源。在这个过程中,教师要有意

识地积累数学活动案例，总结出生动、自主、有效的教学方式和学习方式。

教师应注重信息技术与数学课程的深度融合，实现传统教学手段难以达到的效果。例如，利用计算机展示函数图象、几何图形运动变化过程；利用计算机探究算法、进行较大规模的计算；从数据库中获得数据，绘制合适的统计图表；利用计算机的随机模拟结果，帮助学生更好地理解随机事件以及随机事件发生的概率。

思考题

160. 在信息技术高度发达的今天，普通高中数学教师要怎样做才能将信息技术与数学课程完美融合？

161. 简述《普通高中数学课程标准》(2017 年版)提出的教学建议。

(二) 评价建议

教学评价是数学教学活动的重要组成部分。评价应以课程目标、课程内容和学业质量标准为基本依据。日常教学活动评价，要以教学目标的达成为依据。评价要关注学生数学知识技能的掌握，还要关注学生的学习态度、学习方法和学习习惯，更要关注学生数学学科核心素养水平的达成。教师要基于对学生的评价，反思教学过程，总结经验，发现问题，提出改进思路。因此，数学教学活动的评价目标，既包括对学生学习的评价，也包括对教师教学的评价。

思考题

162. 普通高中数学教学评价的依据是什么？

163. 进行普通高中数学教学评价时要关注哪些内容？

1. 评价目的

评价的目的是考查学生学习的成效，进而也考查教师教学的成效。通过考查，诊断学生学习过程中的优势与不足，进而诊断教师教学过程中的优势与不足；通过诊断，改进学生的学习行为，进而改进教师的教学行为，促进学生数学学科核心素养的达成。

思考题

164. 简述教学评价的目的。

2. 评价原则

为了实现上述评价目的，教师应坚持以学生发展为本，以积极的态度促进学生不断发展，日常评价应遵循以下原则。

(1) 重视学生数学学科核心素养的达成。

教学评价要以数学学科核心素养的达成作为评价的基本要素。

基于数学学科核心素养的教学要创设合适的教学情境、提出合适的数学问题。在设计教学评价工具时，应着重对设计的教学情境、提出的问题进行评价。评价内容包括：情境设计是否体现数学学科核心素养，数学问题的产生是否自然，解决问题的方法是否为通性通法，情境与问题是否有助于学生数学学科核心素养的达成。基于数学学科核心素养的教学评价具有挑战性，可以采取教研组集体研讨的方式设计评价工具和评价准则。

在设计学习评价工具时，要关注知识技能的范围和难度，要有利于考查学生的思维过程、思维深度和思维广度(例如，设计好的开放题是行之有效的方法)，要关注六个数学学科核心素养的分布和水平;应聚焦数学的核心概念和通性通法,聚焦它们所承载的数学学科核心素养。

思考题

165. 设计普通高中数学教学评价工具时应着重关注哪些内容?

166. 普通高中数学教学评价包括哪些内容?

167. 设计普通高中数学学习评价工具时应关注哪些内容?

历年真题

【1.16】(2015 年上)下面是关于学生数学学习评价的认识。

① 通过考查学生的知识技能就可以对学生的数学学习进行全面评价

② 通过考查学生的情感与态度就可以对学生的数学学习水平进行评价

③ 数学学习的评价,重在学习过程,对于学习结果不必看重

④ 数学学习的评价,重在激励学生学习,而不是改进教师教学

其中不正确的为(　　)。

A. ③④　　B. ①②③　　C. ①②④　　D. ①②③④

参考答案:

本题答案选 D。

(2) 重视评价的整体性与阶段性。

基于学业质量标准和内容要求制定必修、选择性必修和选修课程的评价目标,关注评价的整体性。

数学学科核心素养的达成是循序渐进的,基于内容主线对数学的理解与把握也是日积月累的。因此,应当把教学评价的总目标合理分解到日常教学评价的各个阶段,关注评价的阶段性。要关注数学知识技能的达成,更要关注相关的数学学科核心素养的提升;还应依据必修、选择性必修和选修课程内容的主线和主题,整体把握学业质量与数学学科核心素养水平。

对于基于数学学科核心素养的教学评价,建立一个科学的评价体系是必要的,学校可以组织教师与有关人员,进行专门的研讨,积累经验,特别是积累通过阶段性评价不断改进教学活动的经验,最终建立适合本学校的科学评价体系。

思考题

168. 如何理解《普通高中数学课程标准》(2017 年版)的"重视评价的整体性与阶段性"?

(3) 重视过程评价。

日常评价不仅要关注学生当前的数学学科核心素养水平,更要关注学生成长和发展的过程;不仅要关注学生的学习结果,更要关注学生在学习过程中的发展和变化。学生的知识掌握、数学理解、学习自信、独立思考等是随着学习过程而变化和发展的,只有通过观察学生的学习行为和思维过程,才能发现学生思维活动的特征及教学中的问题,及时调整学与教的行为,改进学生的学习方法和思维习惯。此外,教师还要注意记录、保留

和分析学生在不同时期的学习表现和学业成就，跟踪学生的学习进程，通过过程评价使学生感受成长的快乐，激发其数学学习的积极性。

思考题

169.《普通高中数学课程标准》(2017 年版)倡导重视过程评价，谈谈你对这一倡导的理解。

(4) 关注学生的学习态度。

良好的学习态度是学生形成和发展数学学科核心素养的必要条件，也是最终形成科学精神的必要条件。在日常评价中应把学生的学习态度作为教学评价的重要目标。

在对学生学习态度的评价中，应关注主动学习、认真思考、善于交流、集中精力、坚毅执着、严谨求实等。与其他目标不同，学习态度是随时表现出来的、与心理因素有关的，又是日积月累的、可以变化的。在日常教学活动中，教师要关注每一个学生的学习态度，对于特殊的学生给予重点关注。可以记录学生学习态度的变化与成长过程，从中分析问题，寻求解决问题的办法。

形成良好的学习态度，需要对学生提出合适的要求，更需要教师的引导与鼓励、同学的帮助与支持，还需要良好学习氛围的激励与熏陶，需要数学教师与班主任以及其他学科教师的协同努力。

思考题

170. 在评价学生学习态度时，教师应关注哪些方面?

171. 教师应如何引导学生形成良好的学习态度?

3. 评价方式

教学评价的主体应多元化，评价形式应多样化。评价主体的多元化是指除了教师是评价者之外，同学、家长甚至学生本人都可以作为评价者，这是为了从不同角度获取学生发展过程中的信息，特别是日常生活中关键能力、思维品质和学习态度的信息，最终给出公正客观的评价。合理利用这样的评价，可以有针对性地、有效地指导学生进一步发展。在多元评价的过程中，要重视教师与学生之间、教师与家长之间、学生与学生之间的沟通交流，努力营造良好的学习氛围。

评价形式的多样化是指除了传统的书面测验外，还可以采用课堂观察、口头测验、开放式活动中的表现、课内外作业等评价的形式。这是因为一个人形成的思维品质和关键能力通常会表现在许多方面，因此需要通过多种形式的评价才能全面反映学生数学学科核心素养的达成状况。

在日常评价中，可以采用形成性评价的方式。在本质上，形成性评价是与教学过程融为一体的。在教学过程中，教师既要获取学生的整体学习情况，也要关注个别学生的学习进展，在评价反思的同时调整教学活动，提高教学质量。基于数学学科核心素养的教学，在形成性评价的过程中，不仅要关注学生对知识技能掌握的程度，还要更多地关注学生的思维过程，判断学生是否会用数学的眼光观察世界，是否会用数学的思维思考世界，是否会用数学的语言表达世界。

在数学建模活动与数学探究活动的教学评价中，应引导每个学生都积极参加，可以是个体活动，也可以是小组活动。教学活动包括，对于给出的问题情境，经历发现数学关联、提出数学问题、构建数学模型、完善数学模型、得到数学结论、说明结论意义的全过程;也包括根据现实情境,反复修改模型或者结论,最终提交研究报告或小论文。无论是研究报告还是小论文,都要阐明提出问题的依据、解决问题的思路、得到结论的意义,遵循学术规范,坚守诚信底线。可以召开小型报告会,除了教师和学生之外,还可以邀请家长、有关方面的专家,对研究报告或者小论文做出评价。可以把学生完成的研究报告或小论文以及各方评价存入学生个人档案,为大学招生提供参考。

思考题

172. 如何理解教学评价主体的多元化?

173. 为了从不同角度获取学生发展过程中的信息,教学评价的主体应多元化,评价形式应多样化,评价主体的多元化是指除了教师之外,(　　)都可以作为评价者。

A. 同学　　B. 家长　　C. 学生本人

174. 如何理解教学评价形式的多样化?

175. 教学评价的形式应多样化,除传统的书面测验外,评价形式还包括(　　)。

A. 课堂观察　　B. 口头测验

C. 开放式活动中的表现　　D. 课内外作业

176. 形成性评价是评价形式中的一种,教师应如何展开形成性评价?

177. 对于数学建模活动与数学探究活动,教师应如何进行教学评价?

历年真题

【1.17】(2014年下)学生数学学习评价主体应该是多元化,请列举四种评价主体,并简述评价主体多元化的意义。

参考答案:

四种评价主体为教师、家长、学生、社会。

评价主体多元化的意义有以下几点。

(1) 强调评价过程中主体间的双向选择,通过沟通和协商,能够关注评价结果认同的问题。

(2) 通过加强自评、互评,能使评价成为教师、管理者、学生、家长共同积极参与的交互活动。

(3) 增进双方的了解和理解,形成积极、友好、和平和民主的评价关系,进而使评价者在评价过程中有效地对被评价者的发展过程进行监控和指导,帮助被评价者认同评价结构,最终促进其不断改进,获得发展。

4. 评价结果的呈现与利用

评价结果的呈现和利用应有利于增强学生学习数学的自信心,提高学生学习数学的兴趣,使学生养成良好的学习习惯,促进学生的全面发展。应更多地关注学生的进步,关注学生已经掌握了什么,得到了哪些提高,具备了什么能力,还有什么潜能,在哪些方面还存在不足等。

要尽量避免终结性评价的“标签效应”——简单地依据评价结果对学生进行区分。评价的结果应该反映学生的个性特征和学习中的优势与不足，为改进教学的行为和方式、改进学习的行为和方法提供参考。

教师要充分利用信息技术，收集、整理、分析有关反映学生学习过程和结果的数据，从而了解自己教学的成绩和问题，反思教学过程中影响学生能力发展和素养提高的原因，寻求改进教学的对策。

除了考查全班学生在数学学科核心素养上的整体发展水平外，更需要根据学生个体的发展水平和特征进行个性化的反馈，特别是要以适当的方式将学生的一些积极变化及时反馈给学生。个性化的评价反馈不仅要系统、全面、客观地反映学生在数学学科核心素养发展上的成长过程和水平特征，更要为每个学生提供长期、具体、可行的指导和改进建议。

思考题

178. 评价结果的正确呈现与利用对教学活动有什么积极意义？

二、学业水平考试与高考命题建议

对高中毕业的数学学业水平考试、数学高考的命题提出以下建议。

（一）命题原则

命题应依据学业质量标准和课程内容，注重对学生数学学科核心素养的考查，处理好数学学科核心素养与知识技能的关系，要充分考虑对教学的积极引导作用。在传统评分的基础上，可以根据解题情况对学生的数学学科核心素养水平的达成进行评价。

考查内容应围绕数学内容主线，聚焦学生对重要数学概念、定理、方法、思想的理解和应用，强调基础性、综合性；注重数学本质、通性通法，淡化解题技巧；融入数学文化。

命题时，应有一定数量的应用问题，还应包括开放性问题和探究性问题，重点考查学生的思维过程、实践能力和创新意识，问题情境的设计应自然、合理。开放性问题和探究性问题的评分应遵循满意原则和加分原则，达到测试的基本要求视为满意，有所拓展或创新可以根据实际情况加分。在命制应用问题、开放性问题和探究性问题时，要注意公平性和阅卷的可操作性。

在高中毕业的数学学业水平考试与数学高考的考试命题中，要关注试卷的整体性。处理好考试时间和题量的关系，合理设置题量，给学生充足的思考时间；逐步减少选择题、填空题的题量；适度增加试题的思维量：关注内容与难度的分布、数学学科核心素养的比重与水平的分布；努力提高试卷的信度、效度和公平性。

除了上述要求外，数学高考命题还应依据人才选拔要求，发挥数学高考的选拔功能。

思考题

179. 根据《普通高中数学课程标准》(2017 年版)，数学学业水平考试与数学高考命题的依据是什么？

180. 根据《普通高中数学课程标准》(2017 年版)，数学学业水平考试与数学高考命题时对考查内容有什么要求？

181. 根据《普通高中数学课程标准》(2017 年版),数学学业水平考试与数学高考命题时,应注意哪些问题?重点关注哪些方面?

(二)考试命题路径

基于数学学科核心素养的考试命题,应注意以下几个重要环节。

(1) 构建数学学科核心素养的评价框架。依据数学学科核心素养的内涵、价值和行为表现的描述,参照学业质量的三个水平,构建基于数学学科核心素养测试的评价框架。评价框架包括以下三个维度。

第一个维度是反映数学学科核心素养的四个方面,它们分别为情境与问题、知识与技能、思维与表达、交流与反思。

第二个维度是四条内容主线,它们分别为函数、几何与代数、概率与统计、数学建模活动与数学探究活动。

第三个维度是数学学科核心素养的三个水平。

(2) 依据评价框架,统筹考虑上述三个维度,编制基于数学学科核心素养的试题,每道试题都有针对性的考查重点。

(3) 对于每道试题,除了给出传统评分标准外,还需要给出反映相关数学学科核心素养的水平划分依据。

思考题

182. 基于普通高中数学学科核心素养的考试命题应注意哪些方面?

183. 基于普通高中数学学科核心素养的考试命题,应注意构建数学学科核心素养的评价框架,评价框架包括的维度有(　　)。

A. 反映数学学科核心素养的四个方面

B. 四条内容主线

C. 数学学科核心素养的三个水平

D. “四基”和“四能”

(三)说明

在命题中,选择合适的问题情境是考查数学学科核心素养的重要载体。情境包括:现实情境、数学情境、科学情境,每种情境可以分为熟悉的、关联的、综合的;数学问题是指在情境中提出的问题,从学生认识的角度分为:简单问题、较复杂问题、复杂问题。这些层次是构成数学学科核心素养水平划分的基础,也是数学学科核心素养评价等级划分的基础。

对于知识与技能,要关注能够承载相应数学学科核心素养的知识、技能,层次可以分为了解、理解、掌握、运用以及经历、体验、探索。在命题中,需要突出内容主线和反应数学本质的核心概念、主要结论、通性通法、数学应用和实际应用。

在命题中,应特别关注数学学习过程中思维品质的形成,关注学生会学数学的能力。

思考题

184. 在普通高中数学考试命题中,对于知识与技能部分,应关注哪些内容?

185. 在普通高中数学考试命题中,选择合适的问题情境是考察数学学科核心素养的重要载体，问题情境包括(　　)。

A. 现实情境　　　　B. 数学情境

C. 科学情境　　　　D. 生活情境

三、教材编写建议

数学教材为“教”与“学”活动提供学习主题、基本线索和具体内容，是实现数学课程目标、发展学生数学学科核心素养重要的教学资源。

数学教材的编写要全面落实立德树人的基本要求，充分体现数学学科特有的育人价值与功能。要贯彻高中数学课程的基本理念与要求，贯穿发展学生数学学科核心素养的主线；要体现数学内容的逻辑体系，揭示数学内容的发生、发展过程；要遵从学生认知规律，合理安排学习内容，形成教材的编排体系以及相应的特色和风格，积极探索教材的多样化。教材应有利于教师创造性教学，有利于学生自主性学习。

思考题

186. 试论述在普通高中数学教材编写过程中如何做到素材的选取应体现数学的本质、联系实际、适应学生的特点。

答案解析：

普通高中数学教材中素材的选取，首先要有助于反映相应数学内容的本质，有助于学生对数学的认识和理解，激发他们对数学学习的兴趣，充分考虑学生的心理特征和认知水平。素材应具有基础性、时代性、典型性、多样性和可接受性。高中生已经具有丰富的生活经验和一定的科学知识，因此，教材中应选择学生感兴趣的、与其生活实际密切相关的、现实世界中的常见现象和其他学科的实例为素材，展现数学的概念结论，体现数学的思想方法，反映数学的应用，使学生感到数学就在自己身边，数学的应用无处不在。例如，通过行星运动的轨迹等说明圆锥曲线的意义和应用；通过速度的变化率、体积的膨胀率等大量丰富的现实背景引入导数的概念。

(一) 教材编写要以发展学生数学学科核心素养为宗旨

1. 全面体现并落实课程标准提出的基本理念和目标要求

教材编写应全面体现并落实课程标准提出的基本理念和目标要求，以学生发展为本，培养和提高学生的数学学科核心素养。为“人人都能获得良好的数学教育，不同的人在数学上得到不同的发展”提供优质的、可供学生多样选择的数学学习资源。

教材编写要注重将课程标准提出的课程目标转化为实际的教学要求。应突出发展学生数学学科核心素养的目标要求，帮助学生在获得必要的基础知识和基本技能、感悟数学基本思想、不断积累数学基本活动经验的过程中，逐步提高发现和提出问题的能力、分析和解决问题的能力，发展数学实践能力及创新意识，树立科学精神，促进学生学会学习。

思考题

187. 在编写普通高中数学教材时要注重什么？

2. 促进学生数学学科核心素养的发展

发展学生数学学科核心素养是数学课程的核心目标，是教材编写的宗旨。编写者应深入理解数学学科核心素养，用以指导内容的选择和编排；应遵循学生认知规律，创设合适的问题情境，设计有效的数学学习活动，展示数学概念、结论、应用的形成发展过程。教材编写者需要以创新的精神，积极探索新的途径和方式，促进学生数学学科核心素养的发展。

思考题

188. 普通高中数学课程的核心目标是什么？这一核心目标对教材编写者提出了哪些要求？

3. 准确把握内容要求和学业质量标准

教材编写者不仅要认真研究内容要求，还要深入研究学业质量标准，准确把握学生经过学习应当达到的要求；要很好地把握学业质量标准的整体性和阶段性，统筹考虑学生的整个学习过程，设计出有利于学生达成学业目标的教材。

在编写相关内容时，要把握好内容所涉及的范围，关注内容中蕴含的数学学科核心素养水平要求；也要把握好用“了解”“理解”“掌握”“运用”等行为动词所表达的内容程度要求的不同，确定教材内容的难度。

思考题

189. 如何理解普通高中数学“教材编写要以发展学生数学学科核心素养为宗旨”这一要求？

（二）教材编写应体现整体性

1. 凸显内容和数学学科核心素养的融合

教材编写时要凸显内容和数学学科核心素养的相互融合。内容要求中没有对内容呈现的顺序提出要求，因此编写者要认真思考内容主线的逻辑结构，合理设计教材的体系。六个数学学科核心素养既相对独立又相互交融，是一个有机的整体。编写者既要深刻理解每一个数学学科核心素养，又要把握数学学科核心素养之间的关联。特别重要的是，编写者要认真研究如何在数学内容的表述中体现数学学科核心素养，编写出数学内容与数学学科核心素养融为一体的教材。

思考题

190. 教材编写者在编写普通高中数学教材时应如何处理数学学科六大核心素养之间的关系？

2. 注重教材的整体结构

教材编写必须遵从课程标准设定的课程结构，要充分注意到必修课程是学生高中毕业的内容要求，必修和选择性必修课程是学生高考的内容要求，选修课程是供学校自主设定、学生自主选修的课程。要整体设计必修和选择性必修课程的体系，处理好数学内容的层次性与数学学科核心素养水平发展的连续性与阶段性的关系，使教材形成一个整体的结构体系。

思考题

191. 编写者在编写普通高中数学教材时应如何遵从数学课程的结构？

3. 体现内容之间的有机衔接

高中数学内容主要分为四条主线，它们既相对独立，又相互联系。教材各个章节的设计要体现三个关注：关注同一主线内容的逻辑关系，关注不同主线内容之间的逻辑关系，关注不同数学知识所蕴含的通性通法、数学思想。数学内容的展开应循序渐进、螺旋式上升，使教材成为一个有机的整体。

思考题

192. 教材编写者在编写普通高中数学教材时如何体现内容之间的有机衔接？

4. 落实数学建模活动与数学探究活动

数学建模活动与数学探究活动是数学内容的主线之一。这条主线不仅能够帮助学生更好地掌握知识技能，更能帮助学生学会用数学的思维思考和实践，是学生形成和发展数学学科核心素养的有效载体。教材的编写要重视这条主线的设计，按照课程内容的要求通盘考虑、分步实施。基于这条主线的多样性和灵活性，应当在教师教学用书中提出比较详细的教学建议，使这条主线的活动能够收到实效。

5. 实现内容与数学文化的融合，体现时代性

教材应当把数学文化融入学习内容中，可以适当地介绍数学和科学研究的成果，开拓学生的数学视野，激发学生的学习兴趣与好奇心，培养学生的科学精神。“课程内容”中在相应的地方给出了数学文化的提示，供编写者参考。希望教材编写者重视中国传统文化中的数学元素。

思考题

193. 数学文化应该写入普通高中数学教材中吗？谈谈你的看法。

6. 整体设计习题等课程资源

习题是教材的重要组成部分，要提高习题的有效性，科学、准确地把握习题的容量、难度，防止“题海战术”。应开发一些具有应用性、开放性、探究性的问题，解决这样的问题有助于学生数学学科核心素养的提升。

习题是课堂教学内容的巩固和深化，也应当为学生发展数学学科核心素养提供平台。要重视习题编写的针对性，也要重视习题编排的整体性。例如，练习题要关注习题的层次性，由浅入深，帮助学生在掌握知识技能的同时，进一步感悟数学的基本思想，积累数学思维的经验；思考题要关注情境和问题的创设，有利于学生理解数学知识的本质，提升数学学科核心素养；复习题要关注单元知识的系统性，帮助学生理解数学的结构，增进复习的有效性，达到相应单元的“学业要求”；复习题也要关注数学内容主线之间的关联以及六个数学学科核心素养之间的协调，有利于学生整体理解、系统掌握学过的数学内容，实现学业质量的相应要求。

为了体现教材的整体特色和风格，教材的支撑性资源也应当一体设计，形成多样的课程资源。

思考题

194. 简述习题对学生的数学学习的作用。

195. 谈谈你对普通高中数学“教材编写应体现整体性”这一要求的理解。

（三）教材编写应遵循“教与学”的规律

1．教材编写要有利于教师的教

编写者要认真研究教学建议，教材的编写要有利于教师实现教学建议中对教师教学提出的要求。要便于教师把握知识本质，驾驭课程内容；要便于教师把握知识结构，统筹教学安排；要便于教师教学设计，创设教学情境、提出合适问题、有效组织教学；要为教师自主选择、增补和调整教学内容预留必要空间。

2．教材编写要有利于学生的学

编写者要认真研究学业质量标准，教材的编写要有利于学生达成学业质量标准提出的要求。教材应具备可读性，深入浅出，易于学生理解，激发学习兴趣；应具有探索性，启发学生思考，提供思维空间；要为学生提供学习方法的指导，促进学生形成良好的学习习惯和思维习惯。

思考题

196．为使普通高中数学教材有利于学生的学，编写者在编写时要注意哪些方面？

3．要处理好几个关系

遵循学生数学学习规律要处理好以下几个关系。

① 处理好数学的科学形态与教育形态之间的关系。教材的编写既要充分反映数学的本质，体现数学应有的逻辑性和严谨性，也要符合高中学生的认知规律，有利于学生自主学习、直观理解。

② 处理好过程与结果的关系。教材不能只是数学结论的简单表述，应该体现结论产生的背景和形成发展过程，引导学生在背景和过程中主动探究、认识建构、理解结论。

③ 处理好直接经验与间接经验的关系。教材的编写要加强课程内容与学生生活以及现代社会和科技发展的联系，提高学生的学习兴趣，帮助学生积累获取知识的经验。

思考题

197．针对教师的教和学生的学之间的关系，普通高中数学教材的编写者在编写教材时应处理好哪些关系？

（四）教材内容呈现方式应丰富多样

内容呈现方式丰富多样可以增强教材的可读性与亲和力，更好地引导学生自主学习。多样化的设计可以体现在教材编写的各个方面，如素材选取、栏目设计、活动方式、情境类型、思路引领、习题选择、图文表达形式等。呈现方式的丰富多样，还可以通过信息技术与课程的深度融合以及课程资源开发的多样化实现。

教材应具有一定的弹性，适应学生学习个性化需求，为学校、教师拓展和开发课程内容资源提供可能。例如，提供具有不同层次要求的习题供学生选用；通过特定设计的问题(非常规问题、开放性问题)，引导学生展示数学理解力，满足学生自主探究的欲望，拓展学生的数学视野；也可以设定一些活动环节，让学生自己收集整理资料，形成研究成果等。

思考题

198．普通高中数学教材的内容应怎样呈现？这种呈现方式有什么好处？

（五）注重教材特色建设

为提高数学教材的编写质量，应当突出所编写数学教材的特色。要认真总结课改以来数学实验教材编写的实践经验，借鉴国外优秀数学教材编写案例，广泛听取教材使用者的意见和建议，精心设计、反复修订，凝练并形成所编写教材的风格与特色。教材编写者应锐意创新、勇于实践，编写出能够经得起检验的、把数学内容与数学学科核心素养有机融合的数学教材。

思考题

199. 普通高中数学教材的编写者在编写教材时应如何注重教材特色建设？

四、地方与学校实施课程标准的建议

（一）地方实施课程标准应注意的几个问题

地方应重点关注本地区高中数学课程实施的整体推进，突出重点。通过评价，推动本地区教育的全面发展。

1. 重视顶层设计，建立有效的数学教研体系

逐步完善国家、省（自治区、直辖市）、地（市、县）、学校四级教研体系，重视教研顶层设计，加强与大学、研究机构等的合作，以研促教，建立合理有效的数学教研体系；由专职教研员、兼职教研员、骨干教师组成合作共同体。

2. 示范引领，整体推进数学课程的实施

建立一批数学课程实施的实验学校，不断探索，总结经验，引领、推动本地区整个高中数学课程的实施。

3. 集中力量研究解决课程标准实施中的关键问题

抓住本地区具有普遍性、全局性的关键问题，集中力量深入研究，总结经验，推广经验。例如，解决初高中过渡问题时，不仅要关注知识技能，也要关注学生学习习惯的养成，还要关注初高中学生心理的差异，等等。

4. 重视过程性评价

要加强对数学教学、教研、学习过程的评价，即评价数学教学经验形成的过程、数学教学研究深入的过程、数学学习规律把握的过程。

日常评价与考试要根据学生的学习规律，对于重要的概念、结论和应用的评价，要循序渐进，不要一步到位。

（二）学校实施课程标准应注意的几个问题

1. 加强学校课程建设

学校应根据自身的情况，推动国家课程的全面落实，建设有特色的校本课程，适应学生多样化发展的需求，促进学生全面发展。

2. 形成有效的课程管理机制

学校实施课程标准时，要形成有效的机制，处理好备课组和教研组的关系，使得备课组与教研组协同、高效工作，为数学课程的实施提供保障。学校要为课程的选择提供必要的教学条件，形成相应的管理制度，充分利用社会资源以满足学生的学习需求。

3. 加强数学教师的专业发展和团队建设

教师专业发展是实施课程标准的关键，学校要加强对数学教师的培训，提升教师的专业水平。学校要加强培养数学骨干教师，充分发挥骨干教师的作用，关注青年教师的成长，注重发展教师的数学教育理论、实践能力等，形成高效、专业的教师团队。

4. 开展有针对性的数学教研活动

教研组应定期开展教研活动，除了解决日常教学中的问题，每年还要确定需要集中研究、突破的教学难题。

思考题

200. 学校在实施《普通高中数学课程标准》（2017年版）时应注意哪些问题？

（三）教师实施课程标准应注意的几个问题

1. 以教师专业标准的理念为指导，提升自身的专业水平

《中学教师专业标准（试行）》提出了“育人为本，师德为先，能力为重，终身学习”的基本理念，从专业理念与师德、专业知识、专业能力三个维度提出了教师专业发展的基本要求。数学教师要以《中学教师专业标准（试行）》的理念为指导，以数学学科核心素养为依托，终身学习，不断实践，掌握教学所需基础知识，提升教书育人基本能力，达到《中学教师专业标准（试行）》对教师专业发展提出的基本要求。

2. 数学教师要努力提升通识素养

教师应主动提升自身的通识素养，包括科学素养、人文素养和信息技术素养等。应养成良好的自主学习习惯，能学习、会学习、善学习，努力成为学生主动学习、不断进取的榜样。在教学活动中，应勇于创新，包括教学方式的创新，也包括从教学实践中总结经验；包括指导学生学习方式的创新，也包括对学生认知规律的探索；包括对数学知识更为深刻的理解，也包括对数学结构的梳理。实现对自身数学教学经验的不断反思和超越。

思考题

201. 数学教师要主动提升自身的通识素养，其中包括（　　）。

A. 科学素养　　B. 人文素养

C. 信息技术素养　　D. 数学学科素养

3. 数学教师要努力提升数学专业素养

教学建议强调：“‘四基’是培养学生数学学科核心素养的沃土，是发展学生数学学科核心素养的有效载体。”因此，为了培养学生的数学学科核心素养，数学教师必须提升自身的“四基”水平、提升数学专业能力，自觉养成用数学的眼光发现和提出问题、用数学的思维分析和解决问题、用数学的语言表达和交流问题的习惯。可以关注以下几个方面。

（1）把握高中数学的四条主线脉络，理解知识之间的关联。

（2）把握数学核心概念的本质，明晰什么是数学的通性通法。

（3）理解与高中数学关系密切的高等数学的内容，能够从更高的观点理解高中数学知识的本质。例如，通过导函数理解函数的性质，通过运算法则理解初等函数，通过矩阵变换和不变量理解几何与代数，通过样本空间和随机变量理解概率与统计。

（4）理解数学知识产生与发展过程中所蕴含的数学思想，能够通过实例理解和表述

数学抽象与数学的一般性、逻辑推理与数学的严谨性、数学模型与数学应用的广泛性之间的必然联系，具有在数学教学中渗透数学基本思想的意识和能力。

思考题

202. 普通高中数学教师应如何提升数学专业素养？

4. 数学教师要努力提升数学教育理论素养

数学教师要有良好的数学教育理论素养，能把握数学教育的价值取向，有效落实数学教育的育人目标。可以关注以下几个方面。

(1) 结合教育教学实践，阅读和理解教育与数学教育经典著作，关注前沿进展的要求。

(2) 认真研读课程标准，理解和把握高中数学课程的目标，深入思考教与学的关系。

(3) 基于课程标准，认真研读教材，把握“四基”与数学学科核心素养的关联。

(4) 基于理论与实践，不断探索数学教学的规律，特别是学生学习高中数学的规律，探索如何把科学形态的数学转化为教育形态的数学。

(5) 理解和把握评价的作用，思考如何通过评价鼓励学生学习的自觉性、如何通过评价调整自己的教学。

思考题

203. 普通高中数学教师应如何提升数学教育理论素养？

5. 数学教师要努力提升教学实践能力

数学教师应用理论指导实践，不断总结与反思自己的教学实践，不断提高教学能力，最终落实到课堂，落实到学生。可以关注以下几个方面。

(1) 提升教学设计和实施能力。首先要把握数学知识的本质、理解其中的教育价值，把握教学中的难点，理解学生认知的特征；在此基础上，探索通过什么样的途径能够引发学生思考，让学生在掌握知识技能的同时，感悟知识的本质，实现教育价值；最后，能够创设合适的情境、提出合适的问题，设计教学流程、写好教案。在实施过程中，能够有效处理预设和生成的关系，积极启发学生思考，关注每一个学生的成长。

(2) 提升教学案例的分析能力。教学活动是不断实践的过程，实践能力的提升本质上是一种经验的积累，除自我反思之外，与同事或教研组共同分析教学案例也是一种有效手段，同时还能促进数学教师团队的共同成长。要注意不断积累教学资源，掌握基本的教学策略。

(3) 提升信息技术的使用能力。基于信息技术的教育资源和教学手段日新月异，正在改变着数学教与学的方式。教师要适应时代的发展，按照课程标准的要求，发挥信息技术直观便捷、资源丰富的优势，帮助学生发展数学学科核心素养。

(4) 提升数学教育研究的能力。数学教育研究要落实到课堂，落实到学生。一方面要善于发现自己教学过程中、学生学习过程中的问题，另一方面要善于借鉴其他教师的教学经验，把这些问题或经验作为自己的研究课题，实现教学活动的理性思考，不断提升理论水平和教学能力。

高中数学课程标准修订的重点是落实数学学科核心素养，这对数学教师提出了新的要求。通过校本教研、学习讨论、教学实验、展示交流等途径，数学教师要深刻认识数学学科核心素养的育人价值,把握数学学科核心素养与知识技能之间的关联,理解数学学科核心素养的内涵和水平划分,将数学学科核心素养的落实变成自己的自觉行动。要通过创设合适的学习任务、学习情境、学习活动等,把学生数学学科核心素养的养成渗透到日常教学中;要创新评价的形式和方法,把知识技能的评价与数学学科核心素养达成状况的评价有机融合,完成课程标准中提出的学业质量的要求,落实立德树人的根本任务。

思考题

204. 普通高中数学教师要努力提升哪些教学实践能力?

205.《普通高中数学课程标准》(2017 年版)对数学教师提出了更高的要求,数学教师应从哪些方面提高自己,具体应该怎样做?

【本章小结】

本章从普通高中数学教育的定位出发,详细介绍了普通高中数学的课程性质、基本理念、学科核心素养、课程目标、课程结构及课程内容等,展现了高中数学课程的四个基本理念、六个核心素养及体现核心素养的四个方面。学习本章,有助于学生更好地理解《普通高中数学课程标准》(2017 年版)的要求,特别是理解数学学科核心素养与内容、教学、评价、考试、命题的关系。

【本章要点回顾】

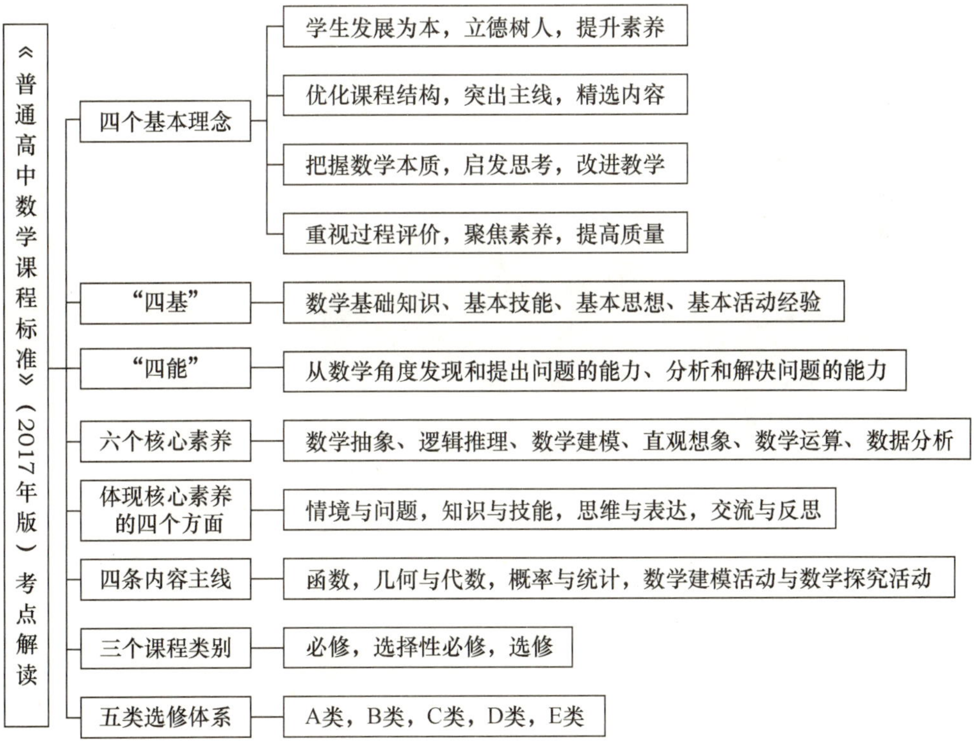

第二章

函数主题教学案例诊断

☞ 学习目标

◎ 明确函数在高中数学课程中的地位，知道如何进行教学应用。

◎ 充分体会数形结合、转化等思想方法，并灵活应用函数思想解决问题。

☞ 教学提示

函数是贯穿高中数学课程的主线。在函数的教学中，教师应该把本主题的内容视为一个整体，引导学生从各种角度整体把握函数的概念，理解函数的意义与数学表达，经历运用函数解决实际问题的全过程。函数的教学经历是一个由易到难、由浅入深的过程，在教学中要充分发挥学生学习的积极性和主动性，使学生真正成为学习的主人。

☞ 学习导引

函数是现代数学中最基本的概念，是描述客观世界中变量关系和规律的最为基本的数学语言和工具，在解决实际问题中发挥着重要的作用。本章根据《普通高中数学课程标准》(2017 年版)的要求，对高中数学课程中函数部分的一些典型教学案例进行诊断分析。

案例 2.1　集合相关问题(2015 年上)

阅读案例，并回答问题。

在集合相关问题的教学中，对于概念的引入有如下三种方式。

方式 1：实数有加法运算，那么下列集合呢？……

方式 2：班里有会弹钢琴的，全打拳击的，会……(给出集合并集的定义)

方式 3：前面学习了集合、集合的表示、集合的基本关系，接下来……

问题：

(1) 分析三种引入方式的特点。

(2) 对于方式 3，教师可以引导学生进一步提出哪些问题？

(3) 数学概念引入的关键点是什么？如何使数学概念的引入更加自然？

解析：

(1) 方式 1 的特点是，从学生熟悉的实数加法运算入手，类比集合之间也应有类似的关系，从而降低了认知难度，使学生易于接受。集合之间交、并、补、差等运算与实数的加减运算虽然有一定的联系，但也有差别，在教学过程中要注意引导学生思考、探究，避免出现运算误区。

方式 2 的特点是，利用学生身边的案例创设问题情境，降低学生对新知识的陌生感，引发学生思维的共鸣，进而给出新定义。

方式3的特点是，通过复习前面刚刚学过的知识内容，进行新旧知识的衔接过渡，降低学生对新知识的认知难度。但是整个引入过程过于简洁，没有足够的思考，缺乏对具体内容的回顾，只是简单地提及刚学过什么，而这些内容全体学生未必都扎实掌握。因此这种方式不能全面地顾及所有学生对已有知识的重现，无法达到降低新知识认知难度的目的。

(2) 对于方式3，教师可以进一步提出以下问题：

问题1：集合是否也和实数一样具有一些运算规律呢？

问题2：集合的并集运算与实数的加法运算有什么异同点？

问题3：集合的补集运算与实数的减法运算有什么异同点？

问题4：集合的交集运算需要注意哪些问题？

(3) 数学概念引入的关键点为：① 注意运用新旧知识之间的内在联系；② 调动学生认知结构中已有的感性经验和知识，去感知、理解材料，创设具体情境，从具体事例中抽象出数学概念。

为使数学概念的引入更加自然，教师在利用新旧知识之间的联系引入概念时，要注意创设类比发现的问题情境，关注新旧知识的衔接，在此基础上尝试引入新的概念，这种引入方式让学生更容易在原有的认知结构中得到同化和建构。通过创设情境，从具体事例抽象出数学概念时，要求充分调动学生认知结构中已有的感性经验和知识去感知、理解材料，经过思维加工产生认知飞跃，继而组织成完整的概念图式。在具体引入概念的过程中可以通过实例、绘图或多媒体辅助等方式引导学生分析数学概念的特点，使学生思维由感性认识自然过渡到理性认识。

案例2.2　借助一元二次函数图象求解一元二次不等式

阅读案例，并回答问题。

数学中的知识与问题往往不是孤立的，彼此之间存在着某种内在联系。当一个问题有不同的解决方法时，需要对这些方法进行分析与比较，选择能够体现数学本质的、适用范围更广的方法，即找到通性通法。例如借助一元二次函数图象求解一元二次不等式的知识。

问题：

(1) 请基于不等式 $ax^2+bx+c>0(a\neq0)$，给出其相应的一元二次函数图象，并给出解一元二次不等式的基本方法。

(2) 借助一元二次函数图象求解一元二次不等式主要涉及哪些数学思想方法？

(3) 借助一元二次函数图象求解一元二次不等式主要与哪些知识有关？在教学中的地位如何？

解析：

(1) 求解一元二次不等式通常有两种基本方法：一种是代数法，即先对二次三项式进行因式分解，把一元二次不等式转化为一元一次不等式组，通过求解一元一次不等式组，得到一元二次不等式的解集；另一种是函数法，即借助一元二次函数的图象，得到求解一元二次不等式的通性通法。

对于一元二次不等式 $ax^2+bx+c>0$，根据系数的不同，其对应的一元二次函数 $y=ax^2+bx+c$ 的图象与 x 轴的位置关系可以分为六类，如图 2.1 所示。用函数方法求解的程序为：① 通过系数 a 的符号，确定函数图象开口方向；② 通过一元二次方根的判别式 b^2-4ac，确定函数图象与 x 轴的交点个数；③ 计算方程 $ax^2+bx+c=0$ 的根，借助一元二次函数的图象得到不等式的解集。

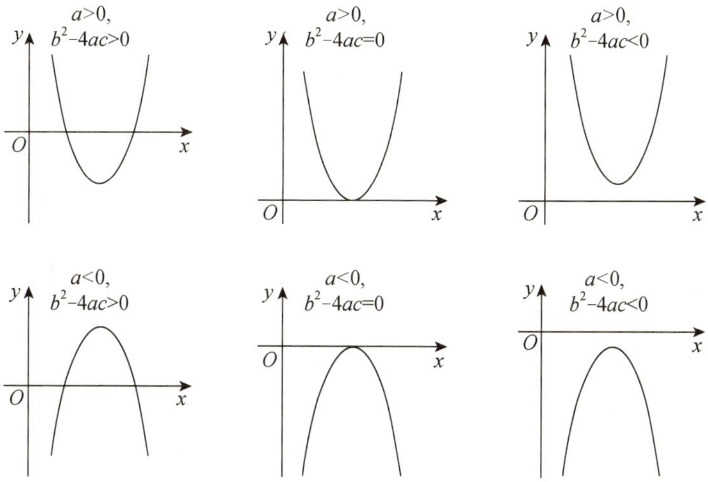

图 2.1　六类一元二次函数图象

(2) 借助一元二次函数图象求解一元二次不等式主要涉及数形结合、转化等数学思想方法。

(3) 利用一元二次函数图象求解一元二次不等式与一元二次函数的概念、图象、性质等知识有关。一元二次不等式的解法与高中数学的许多内容密切相关，数列、三角函数、直线与圆锥曲线及导数等许多问题，都需要借助一元二次不等式来求解。因此，求解一元二次不等式在整个高中数学教学中具有基础性地位，是非常重要的工具。

案例 2.3　函数单调性概念的抽象化过程

阅读案例，并回答问题。

在严格引入函数单调性概念之前，学生已经初步了解一元一次函数、反比例函数、一元二次函数的图象具有单调性的特征。因此教师可以从直观认识出发，提出合适的问题，引入函数单调性概念。这样做的目的是结合函数单调性知识，引导学生经历函数单调性概念的抽象化这一过程。

例如，教师在教学中可以提出如下问题。

问题 1：初中阶段已经学过一元一次函数、反比例函数、一元二次函数，请根据三种函数的图象（图 2.2），分别表述 x 在哪个范围变化时，y 随着 x 的增大而增大或减小。

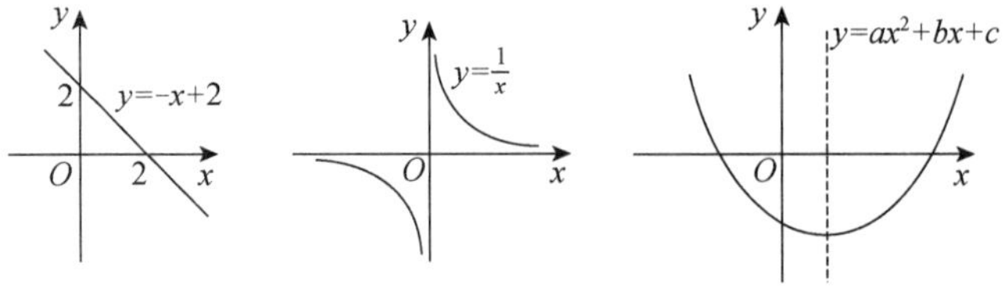

图 2.2　一元一次函数、反比例函数、一元二次函数的图象

问题 2：请思考还有哪些函数关系具有上述变化特征。

问题 3：如图 2.3 所示，函数 $f(x)$ 满足 $f(-2)<f(2)<f(8)$，能否据此得出"在区间 $[-2,8]$，随 x 的增大 $f(x)$ 也增大"的结论？为什么？

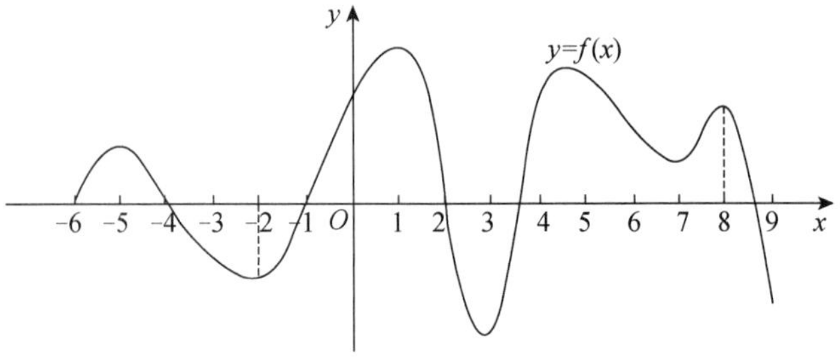

图 2.3　$y=f(x)$ 的函数图象

问题 4：依据函数单调性的定义，证明函数 $y=x+\frac{1}{x}$ 在 $(2,+\infty)$ 内是单调递增的。

问题：

(1) 分析这四个问题在概念形成过程中的作用。

(2) 学生在理解单调性概念时可能遇到哪些难点？

(3) 函数单调性概念的抽象化过程中能培养学生哪些数学素养？

解析：

(1) 问题 1 强调了函数的单调性与自变量所在区间有关，引导学生经历图形语言到自然语言的严格表达，进而理解用符号语言精确化的过程。同时，也说明单调性是变化趋势，考虑的是某个区间上的整体情况，与单个点无关。

问题 2 进一步用已掌握的实例巩固对问题的理解。

问题 3 强化符号语言的意义，进一步澄清单调性的概念，理解精确化表达。

问题 4 帮助学生在理解定义的基础上，进行全方位的练习训练。

(2) 初中阶段，学生是经过从直观图形语言到数学自然语言的过程来认识函数的单调性的。到了高中阶段，学生需要在此基础上进一步用符号语言来表述函数的单调性。在使用符号语言的过程中，"任意"两字是学生遇到的一个难点，需要特别注意。

(3) 在函数单调性概念的抽象化过程中，要经历由具体到抽象、由图形语言和自然语言到符号语言表达的过程，这有助于发展学生的数学抽象素养；在给出函数单调性定义时，要体会全称量词、存在量词等逻辑用语的作用，这有助于发展学生的逻辑推理素养；在函数单调性证明的过程中，可以发展学生的数学运算素养。

案例 2.4　函数奇偶性概念(2014 年上)

函数的奇偶性是继函数单调性之后学习的另外一个重要的函数性质,它对学习幂函数、三角函数的性质等后续内容起着重要作用。函数奇偶性的实质就是函数图象的对称性。这部分内容既可培养学生数形结合的思想,又是数学美的集中体现。

阅读案例,并回答问题。

下面是某位教师讲授偶函数时的教学片段。

师:同学们,前面我们已经学习了函数的一个基本性质——函数的单调性,今天我们将继续学习函数的另一个基本性质——函数的奇偶性。(边口述边板书课题)

什么是偶函数呢?

定义:如果对于函数 $f(x)$的定义域内任意一个 x,都有 $f(-x)=f(x)$,那么函数 $f(x)$就叫作偶函数。(投影,同时口述)

请同学们读记这个定义。

(学生声读,手写)

师:好! 从这个定义看,偶函数有什么性质呢? 请同学们 4～5 人为一组进行探索、讨论和交流,然后我们来交流所得到的结论。

(学生开展小组讨论,时长大约 10 分钟,期间教师参与了部分小组的谈论和指导)

师:现在我们请各个小组汇报探索结果。

(奇函数教学过程与之相同)

问题:

(1) 该教师通过直接呈现偶函数定义的方式让学生获得概念,对此你有何看法? 请说明理由。

(2) 请对该教师的课堂提问作出评析。

解析:

(1) 该教师的这种直接呈现偶函数定义的方式对抽象思维能力较高的学生来说,较容易接受,这类学生能够直接进入学习状态并对本节的学习内容有一个总的概念与基本的轮廓;但对抽象能力较差的学生来说,学习起来有一定困难。而且这种教学方式不符合新的教学理念,学生并没有参与到偶函数概念的形成这个活动中来,未体现其主体地位,教师也没有起到一个引导者的作用,即未创设出学习偶函数概念的学习情境。

该教师在概念形成过程中,强化了表层上的读、写、记,忽视了自然语言、图形语言与符号语言转化过程中各自的突出作用。对于偶函数定义的讲授,建议由具体的函数图象引入,通过观察图象的特点,学生自行归纳总结出偶函数的定义。学生在由具体到抽象、表象到概念的学习过程中,其观察能力、抽象概括能力能够得到相应的提高,其数学抽象、直观想象等素养也能够得到训练。教师在授课时应充分发挥学生学习的积极性和主动性，使学生真正成为学习的主人。

(2) 该教师的课堂提问存在如下可商榷的问题：① 目的性原则与启发性要加强。课堂提问应有效地引导学生思考，启迪学生思维，而该教师的提问针对性不强，问题过于粗糙，指向性和启发性不够，无法达到应有的课堂效果。② 适度性原则与循序渐进要加强。课堂提问的设计要考虑学生的认知水平，遵循由浅入深、由易到难的规律，使学生能够拾级而上，从而深刻地理解偶函数的概念，而该教师的提问设计层次不够，问题笼统，无法达到学习的预期效果，学生能力也无法得到相应的提高，应进一步细化问题并循序展开。

案例 2.5　概念同化

概念同化是指从已有概念出发，理解并接纳新概念的过程，其实质是利用演绎方式理解和掌握概念。由于数学中大多数概念是以同属概念加以差别的方式定义的，因此适宜采用概念同化的方式进行教学。

阅读案例，并回答问题。

下面是某位教师讲授奇函数概念时的教学设计。

环节一：向学生提供奇函数概念的定义。

略。

环节二：解释定义中的词语、符号、句子所代表的含义。

突出强调：对定义中的任意一个自变量 x 与 $-x$，考查 x 与 $-x$ 对应的函数值 $f(x)$ 与 $f(-x)$ 之间的关系：$f(-x)=-f(x)$。因此函数的定义域应该关于原点对称，满足这个条件后再考察 $f(-x)=-f(x)$。

环节三：辨别例证，深化概念。

教师向学生提供丰富的概念例证。例证中以正例为主，但也要包括适当的反例，尤其是一些需要考察隐含条件的例子。

环节四：考查概念的运用。

教师利用多种方式来考查学生对概念的运用，达到强化对概念的理解、促进对概念体系的构建的目的，可以利用有一定综合性但难度不大的问题。

问题：

(1) 如果你是该教师，在进行“环节三：辨别例证，深化概念”时可以列举哪些反例？

(2) 如果你是该教师，请为“环节四：考查概念的运用”补充一道例题。

(3) 请结合案例，总结出概念同化模式的教学过程。

解析：

(1) 可列举以下反例：$f(x)=2$；$f(x)=-\sin x, x\in[0,2]$；$f(x)=h(x)+h(-x)$。

(2) 例题：已知奇函数 $f(x)$ 在区间 $[-3,-1]$ 上是增函数，且有最大值 -2，那么在区间[1,3]上的最小值是多少？

(3) 概念同化属于有意义的接受学习，因此要使学生有意义地同化新概念，则要求：① 新概念具有逻辑意义；② 学生的认知结构中具备同化新概念的适当知识；③ 学生具有学习新概念的积极心向。结合案例可知，概念同化模式的教学过程可设计为：

提供概念定义→解释概念定义→辨别例证→概念运用并纳入体系。

案例 2.6　指数函数性质

阅读案例，并回答问题。

下面是某位教师讲授指数函数性质时的教学片段。

(1) 提出两个问题(约 3 分钟)。

问题 1：研究函数的性质一般要考虑哪些方面？

问题 2：研究函数(如今天的指数函数)一般可采用什么方法？

师：一般来说，研究函数的性质要考虑函数的定义域、值域、单调性、奇偶性等方面。研究函数的方法很多，可以从具体的函数入手(即底数取一些数值)，当然也可以用列表法研究函数，可以从解析式的角度，也可以从图象的角度。今天我们所学的指数函数用列表法不易得出其性质，可见具体问题要选择适当的方法来研究才能事半功倍！

(2) 分组活动，合作学习(约 8 分钟)。

师：下面我们就从解析式和图象这两个不同的角度对指数函数进行研究。

① 让学生分为两个大组，第一大组从解析式的角度入手(不画图)研究指数函数，第二大组借助几何画板软件或图形计算器从图象的角度入手研究指数函数。

② 每一大组再分为若干合作小组(建议 4 人为一个小组)。

③ 每个小组都将研究所得到的结论或成果写出来以便交流。

(3) 交流、总结(约 10～12 分钟)。

师：下面我们展示研究结论。

教师根据所观察到的各组的研究情况，选一些有代表性的小组上台展示，并对比从两个不同角度入手所得的研究结果。

教师可根据实际情况对学生发现、得出的结论进行适当的点评，除了研究指数函数的定义域、值域、单调性和奇偶性外，还可以引导学生注意观察指数函数是否有其他性质$\left[\text{如过定点}(0,1)，y=a^x \text{ 与 } y=\left(\frac{1}{a}\right)^x \text{ 的图象关于 } y \text{ 轴对称}\right]$。

师：各组在研究过程中除了关注定义域、值域、单调性、奇偶性外，是否还得到其他一些有价值的结论呢？从图象入手，我们很容易看出指数函数的单调性、奇偶性，以及函数过定点(0,1)，但定义域、值域却不能确定；从解析式(结合列表)入手，可以很容易得出指数函数的定义域、值域，但很难想到要去分析底数的分类。

教师通过在几何画板中改变参数 a 的值，追踪 $y=a^x$ 的图象，在这个变化过程中，让全体学生进一步观察指数函数的变化规律。

师生共同总结指数函数的图象和性质，教师边总结边板书(表 2.1)。

表 2.1　指数函数的图象和性质

函数	指数函数 $y=a^x$	
图象	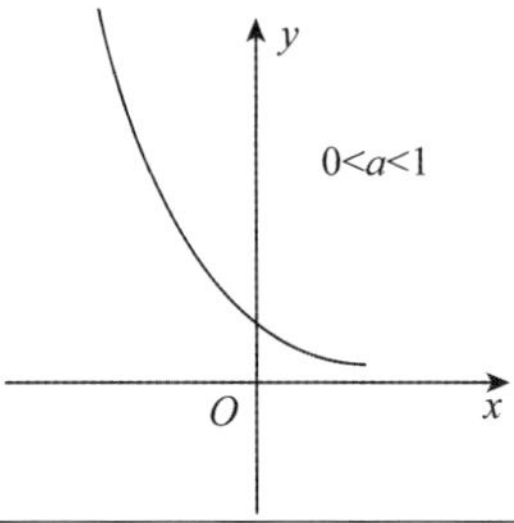	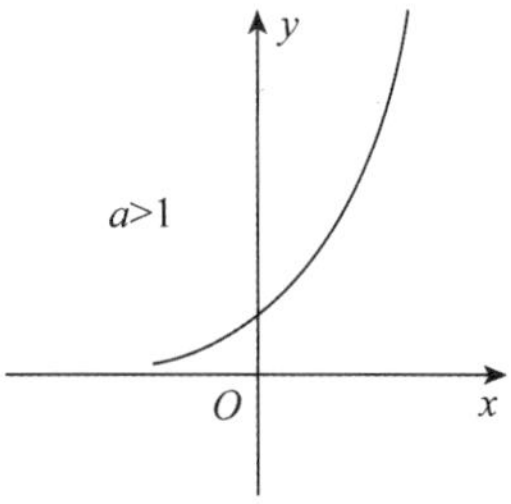
性质	定义域：**R**	
	值域：$(0,+\infty)$	
	过定点(0,1)	
	非奇，非偶	
	在 **R** 上是减函数	在 **R** 上是增函数

问题：

(1) 请结合《普通高中数学课程标准》(2017 年版)，简要评析该教学过程。

(2) 请设计一道练习题来加深学生对指数函数的理解。

解析：

(1) 在研究指数函数的性质时，该教师能够紧扣函数知识，让学生在研究指数函数时有明确的目标，即函数的定义域、值域、单调性、奇偶性；通过提问的方法，让学生明白研究函数可以从图象和解析式这两个不同的角度展开，将学生的注意力引向第二个知识点——图象及其性质；教学过程中将学生分组，通过学生的自主探究、合作学习、交流汇报，侧重对解析式、图象进行探索；最后该教师借助几何画板的直观演示，采用以形助数、以数定形、数形结合的教学方法，收到了较好的教学效果。

(2) 已知指数函数 $f(x)=a^x(a>0$，且 $a\neq 1)$ 的图象经过点 $(3,8)$，求 $f(0)$，$f(1)$，$f(-3)$ 的值。

案例 2.7　幂函数的概念

阅读案例，并回答问题。

下面是某位教师讲授幂函数概念时的教学片段。

该教师首先出示以下具体问题。

问题 1：如果小明购买了价格为每千克 1 元的蔬菜 W 千克，那么他需要支付的金额为 $P=W$ 元，这里 P 是 W 的函数。

问题 2：如果正方形的边长是 a，那么正方形的面积是 $S=a^2$，这里 S 是 a 的函数。

问题 3：如果正方体的边长是 a，那么正方体的体积是 $V=a^3$，这里 V 是 a 的函数。

问题 4：如果一个正方形场地的面积是 S，那么这个正方形场地的边长是 $a=S^{\frac{1}{2}}$，这

里 a 是 S 的函数。

问题 5：如果某人 t s 内骑车行进 1 km，那么他骑车的平均速度 $v=t^{-1}$ km/s，这里 v 是 t 的函数。

请学生观察其中的函数式，并思考：以上问题中的函数具有什么样的共同特征？学生对这些函数进行观察和思考后会提出，这些函数都具有 $y=x^a$ 的特点。

师：我们将这种新的函数叫作幂函数，那么，如何进行定义呢？

生：函数 $y=x^a$ 叫作幂函数，其中 x 是自变量，a 是常数。

接着教师给出几个具体的函数让学生辨析哪些是幂函数，哪些不是幂函数，并让学生给出理由。

问题：

(1) 该片段中对幂函数概念教学所采用的设计方法是什么？请对这一设计方法进行描述。

(2) 请用另外一种概念教学方法，简要设计一个幂函数概念的教学过程。

解析：

(1) 归纳法。所谓归纳法，就是根据一类事物的部分对象具有某种性质，推理出这类事物的所有对象都具有这种性质，归纳是从特殊到一般的过程。

(2) 这个概念还可以用演绎的教学方法引入，即从一般到特殊的过程，教学过程如下。

师：前面我们学习了函数定义，研究了函数的一般性质，并且研究了指数函数和对数函数。函数这个大家庭有很多成员，如一次函数、二次函数、反比例函数、指数函数、对数函数等，它们各自有着不同的作用，各自也有着鲜活的个性。今天，我们利用指数函数、对数函数的研究方法，再来认识一位新成员，请大家看如下的问题。

请将下列问题中的 y 表示成 x 的函数。

问题 1：如果小明购买了价格为每千克 1 元的蔬菜 x 千克，那么他需要支付 $y=$ ______元。

问题 2：如果正方形的边长为 x，那么正方形的面积 $y=$______。

问题 3：如果正方体的边长为 x，那么正方体的体积 $y=$______。

问题 4：如果一个正方形场地的面积为 x，那么这个正方形场地的边长 $y=$______。

问题 5：如果某人 x s 内骑车行进 1 km，那么他骑车的平均速度 $y=$______。

教师讲述并板书，抽取这几个解析式结构上的共同特征。

师：我们能够发现它们的右端都是幂的形式，并且底数都是自变量 x，幂指数是常数。也就是说，它们都可以写成 $y=x^a$ 的形式，这种形式的函数，就是幂函数。（板书课题：幂函数）

案例 2.8　集合的含义与表示(2018 年下)

阅读案例，并回答问题。

下面是高中数学教材“集合”一章中“集合的含义与表示”的部分内容。

在小学和初中，我们已经接触过一些集合，如自然数的集合、有理数的集合、不等式

$x-7<3$ 的解的集合、到一个定点的距离等于定长的点的集合(即圆)、到一条线段的两个端点距离相等的点的集合(即这条线段的垂直平分线)……

那么,集合的含义是什么呢？我们再来看下面的一些例子：

(1) 1～20 以内的所有素数；

(2) 我国 1991—2003 年的 13 年内所发射的所有人造卫星；

(3) 金星汽车厂 2003 年生产的所有汽车；

(4) 2004 年 1 月 1 日之前与中华人民共和国建立外交关系的所有国家；

(5) 所有的正方形；

(6) 到直线 l 的距离等于定长 d 的所有的点；

(7) 方程 $x^2+3x-2=0$ 的所有实数根；

(8) 新华中学 2004 年 9 月入学的所有高一学生。

例(1)中,我们把 1～20 以内的每一个素数作为元素,这些元素的全体就是一个集合;同样地,例(2)中,把我国 1991—2003 年的 13 年内发射的每一颗人造卫星作为元素,这些元素的全体也是一个集合。

【思考 1】 上面的例(3)到例(8)也都能组成集合吗？它们的元素分别是什么？

一般地,我们把研究对象统称为元素(element),把一些元素组成的总体叫作集合(set)(简称为集)。

给定的集合,它的元素必须是确定的。也就是说,给定一个集合,那么任何一个元素在不在这个集合中就确定了。例如,“中国的直辖市”构成一个集合,北京、上海、天津、重庆在这个集合中,杭州、南京、广州……不在这个集合中。“身材较高的人”不能构成集合,因为组成它的元素是不确定的。

一个给定集合中的元素是互不相同的。也就是说,集合中的元素是不重复出现的。

只要构成两个集合的元素是一样的,我们就称这两个集合是相等的。

【思考 2】 判断下列元素的全体是否组成集合,并说明理由：

(1) 大于 3 小于 11 的偶数；

(2) 我国的小河流。

我们通常用大写拉丁字母 $A,B,C,\cdots$ 表示集合,用小写拉丁字母 $a,b,c,\cdots$ 表示集合中的元素。

如果 a 是集合 A 的元素,就说 a 属于(belong to)集合 A,记作 $a\in A$;如果 a 不是集合 A 中的元素,就说 a 不属于(not belong to)集合 A,记作 $a\notin A$。

例如,我们用 A 表示“1～20 以内的所有素数”组成的集合,则有 $3\in A$,$4\notin A$,等等。

问题：

(1) 阅读这段教材内容,概括与集合有关的新知识点。

(2) 阅读这段教材内容中【思考 2】后面的内容,说明设置这部分内容的主要意图。

(3) 请说明集合在高中数学课程中的地位和作用。

解析：

(1) 与集合有关的知识点有：① 元素与集合的概念;② 元素的特征：确定性、互异性、无序性;③ 集合相等的概念;④ 集合与元素用字母表示的方法;⑤ 元素与集合的关系,用“$\in$”或者“$\notin$”表示;⑥ 判断元素是否属于某个集合。

（2）【思考 2】后面的内容主要是阐述了用大写拉丁字母 $A,B,C,\cdots$ 表示集合，用小写拉丁字母 $a,b,c,\cdots$ 表示元素，以及元素与集合之间的关系用“$\in$”或者“$\notin$”表示等内容，这涉及自然语言与符号语言的转换，能够进一步让学生理解集合与元素及其关系，从而更加规范与严谨地阐述问题；同时这种转换也体现了数学中用字母代替数的核心思想，便于学生掌握用字母代替数的运用，理解符号的使用是数学表达和进行数学思考的重要形式；同时还可以验证学生能否掌握及准确判断元素是否属于集合。

（3）集合是高中数学学习的第一个抽象概念，是进入高中以后最先接触的数学内容，是以后学习的语言工具，也是现代数学的基础。在“集合”这一章，学生将学习集合的一些基本知识，感受集合的数学思想方法，用集合语言表示有关的数学对象，并运用集合和对应的语言进一步描述函数概念。把函数的概念建立在集合基础上，为深入学习函数知识奠定了基础，使得学生能够初步运用集合与函数思想分析和解决一些简单问题。

案例 2.9　对数方程

阅读案例，并回答问题。

下面是某位学生在做一道题目时的解题过程。

题目：解对数方程 $\log_{2x-1}(x-2)^2=2$。

解：原方程可化为

$$2\log_{2x-1}(x-2)=2,$$
$$\log_{2x-1}(x-2)=1,$$
$$x-2=2x-1,$$
$$x=-1,$$

所以原方程的解 $x=-1$。

问题：

（1）请指出解题过程的错误之处，并分析产生错误的原因。

（2）给出正确解法，并简述应采取哪些教学措施以避免此类错误的发生。

解析：

（1）该解题过程的错误之处在于，首先化简过程中没有考虑定义域，其次对于对数函数的运算法则没有理解透，简单将 $\log_{2x-1}(x-2)^2$ 化简为 $2\log_{2x-1}(x-2)$ 是不正确的。当真数的幂指数为偶数时，若将幂指数提到对数符号前面作为系数，此时真数是要加绝对值的。另外，没有考虑底数 $2x-1$ 要大于 0 且不等于 1 这一条件。这两个错误导致解出来的这个根其实是增根，不符合题意。

（2）正确的解法如下。

要使原方程有意义，需要 $\begin{cases}2x-1>0\\2x-1\neq1\\x-2\neq0\end{cases}$。

又

$$\log_{2x-1}(x-2)^2=2\log_{2x-1}|x-2|=2,$$

所以

$$2x-1=|x-2|,$$

联立$\begin{cases}2x-1>0\\2x-1\neq1\\x-2\neq0\\2x-1=|x-2|\end{cases}$,此方程组无解,从而原方程无解。

要避免此类错误的发生,需要在教学过程中强调两点:第一,解方程时首先要考虑定义域,这是隐含条件,也是必须要考虑的条件。第二,要记清楚运算法则的适用范围。教师要引导学生自主思考、归纳、总结,从而帮助学生更好地学习知识,培养学生的解题能力。

案例 2.10　函数概念的理解

阅读案例,并回答问题。

函数是高中数学学习的第二个抽象概念。函数的定义表述较长,其中涉及了对应关系、自变量、函数值、定义域、值域等新术语,是较难理解的概念。通常,高中函数的定义如下:一般地,设 A,B 是非空数集,如果按照某种确定的对应法则 f,对于集合 A 中的任一个元素 x,在集合 B 中都有唯一确定的元素 $f(x)$和它对应,那么这样的对应叫作从 A 到 B 的一个函数,通常记为

$$y=f(x),x\in A。$$

其中,x 叫作自变量,自变量的取值范围 A 叫作函数 $y=f(x)$的定义域。若 A 是函数 $y=f(x)$的定义域,则对于 A 中的每一个 x,都有一个 y 与之对应。我们将所有的 y 组成的集合$\{f(x)|x\in A\}$称为函数的值域。

某教师在函数概念的教学中提出了如下问题:

问题 1:学习了函数的定义后,知道函数是一种对应关系,这种对应关系存在于哪类集合之间呢?

问题 2:这种对应关系所做的具体要求有哪些?

问题 3:自变量 x 是什么?可否将其换成 t,$2x$,x^2 等来表示呢?

问题 4:函数值是什么?

问题 5:定义域和值域又是什么?值域是集合 B 的子集这一说法的理由是什么?进一步思考,如何理解定义域、值域和对应关系这三个要素?

问题:

(1) 根据《普通高中数学课程标准》(2017 年版),指出函数概念这一内容的学业要求,并分析函数内容在高中数学课程中的地位和作用。

(2) 这位教师提出的每个问题在澄清函数概念方面有各自的意义,请加以分析。

解析:

(1) 学习函数概念,要求能够从两个变量之间的依赖关系、实数集合之间的对应关系、函数图象的几何直观等多个角度,理解函数的意义与数学表达;理解函数符号表达与

抽象定义之间的关联，知道函数抽象概念的意义。

函数是现代数学最基本的概念，是描述客观世界中变量关系和规律的最为基本的数学语言与工具，在解决实际问题中发挥着重要作用。函数是高中数学课程内容四大主线之一，贯穿必修和选择性必修课程。函数是高中数学中学习的第二个抽象概念，这一抽象概念和数列、向量、不等式、解析几何等多个知识点相互关联。

(2) 函数这一抽象概念的定义的自然语言描述比较长，很多学生也正是因为概念中存在众多数学术语，感觉难以理解，该教师提出的问题旨在突破函数概念的若干难点。问题 1 强调函数概念中的对应关系仅仅是两个数集之间的，即函数是从“数”到“数”的。问题 2 旨在让学生发现：两个数集未必相同，但都不能是空集；A 中的每一个数都要按照对应法则 f 对应出去，并且在 B 中有唯一一个数与其对应。问题 3 强调 x 是任意数的表示符号，可以替换成字母 t，但若将其替换成 $2x$，x^2 等含有运算的式子是不可以的，因为替换后对应法则就发生了改变，就不再是定义中所说的函数“f”。问题 4 强调从本质上讲，集合 A 中的数按照所给的对应法则进行对应后所得的数就是函数值。问题 5 强调自变量中所有允许取值构成的集合即为定义域，所有函数值的集合即为值域，B 中的元素并不一定要求数集 A 中存在元素与之对应，允许 B 中存在多余的元素，即值域是数集 B 的子集。一般用 f 表示的对应关系即为变化规律，就是集合 A 中的数变成集合 B 中的数的过程中所经历的变化。函数中的定义域、值域、对应关系这“三要素”是不可分割的：若函数中不存在对应关系 f，则集合 A 中的数如何变为集合 B 中的数就无从知晓；如果定义域 A 不存在，哪些数在经历对应关系 f 之后成为集合 B 中的数也无从知晓；如果将值域去掉，集合 A 中的数经过对应关系 f 变化后又去了哪里也不得而知。函数的三要素缺一不可、不可分割，如果两个函数的三要素都相同，则这两个函数相同。

案例 2.11　求三角函数值(2015 年下)

阅读案例，并回答问题。

在“求三角函数值”的教学中，某位教师给出了如下的问题。

已知 α,β 为锐角，$\sin\alpha=\frac{2\sqrt{5}}{5}$，$\sin(\alpha+\beta)=\frac{3}{5}$，求 $\cos\beta$ 的值。

教师让两位学生板演，他(她)们的板演过程如下。

生 1：因为 $\sin\alpha=\frac{2\sqrt{5}}{5}$，$\alpha$ 是锐角，所以 $\cos\alpha=\frac{\sqrt{5}}{5}$。

又因为 $\sin(\alpha+\beta)=\frac{3}{5}$，$0<\alpha+\beta<\pi$，所以 $\cos(\alpha+\beta)=\pm\frac{4}{5}$。

当 $\cos(\alpha+\beta)=\frac{4}{5}$ 时，$\cos\beta=\cos[(\alpha+\beta)-\alpha]$

$$=\cos(\alpha+\beta)\cos\alpha+\sin(\alpha+\beta)\sin\alpha$$

$$=\frac{4}{5}\times\frac{\sqrt{5}}{5}+\frac{3}{5}\times\frac{2\sqrt{5}}{5}=\frac{10\sqrt{5}}{25}=\frac{2\sqrt{5}}{5};$$

当 $\cos(\alpha+\beta)=-\frac{4}{5}$ 时，$\cos\beta=\cos[(\alpha+\beta)-\alpha]$

$$=\cos(\alpha+\beta)\cos\alpha+\sin(\alpha+\beta)\sin\alpha$$

$$=-\frac{4}{5}\times\frac{\sqrt{5}}{5}+\frac{3}{5}\times\frac{2\sqrt{5}}{5}=\frac{2\sqrt{5}}{25}。$$

生 2：因为 $\sin\alpha=\frac{2\sqrt{5}}{5}$，$\alpha$ 是锐角，所以 $\cos\alpha=\frac{\sqrt{5}}{5}$。

由 $\sin(\alpha+\beta)=\frac{3}{5}$，可知

$$\sin\alpha\cos\beta+\cos\alpha\sin\beta=\frac{3}{5}。$$

设 $\cos\beta=x$，因为 β 为锐角，所以 $\sin\beta=\sqrt{1-x^2}$，则

$$\frac{2\sqrt{5}}{5}x+\frac{\sqrt{5}}{5}\sqrt{1-x^2}=\frac{3}{5},$$

去分母得

$$2\sqrt{5}x+\sqrt{5}\sqrt{1-x^2}=3,$$

移项得

$$\sqrt{5}\sqrt{1-x^2}=3-2\sqrt{5}x,$$

整理得

$$25x^2-12\sqrt{5}x+4=0,$$

解得 $x_1=\frac{2\sqrt{5}}{25}$，$x_2=\frac{2\sqrt{5}}{5}$。

教师发现两位学生板演的内容与自己预设的内容不一致。

问题：

(1) 你如何评价这两位学生的解题过程。

(2) 假如你是这位教师，针对学生板演的情况，如何组织进一步的教学，完成该题的教学任务？

解析：

(1) 学生 1 的解题思路开始是比较清晰的，两次利用 $\sin^2\alpha+\cos^2\alpha=1$，后又结合分类讨论利用两角差的余弦公式求出 $\cos\beta$ 的值，但是分类讨论后忘记验证两种情况是否都成立。造成这一问题的原因是对公式 $\cos\left(\frac{\pi}{2}-\alpha\right)=\sin\alpha$，$\cos\left(\frac{\pi}{2}+\alpha\right)=-\sin\alpha$ 认识不清，掌握不全面。验证结果的过程如下：

若 $\cos\beta=\frac{2\sqrt{5}}{5}$，则 $\cos\beta=\sin\alpha=\sin\left(\frac{\pi}{2}-\beta\right)$，

所以 $\alpha+\beta=\frac{\pi}{2}$，与已知矛盾，

所以 $\cos\beta=\frac{2\sqrt{5}}{25}$。

学生 2 利用两角和正弦公式，化为解一元二次方程得出两个结果，最后也是没有验

证结果的正确性，和学生 1 犯了一样的错误。

整体来说，两位学生对三角函数公式掌握得比较牢固，运用得也比较熟练，只是在熟练的基础之上，还不能更好地内化数学思想，即验证结果的成立与分类讨论的应用。

(2) 假如我是这位教师，首先我会请全班同学同桌两人为一组，讨论板演同学的答案是否正确，若对，说出解题思路及解题亮点；若不对，说出应该如何纠正，时间为两分钟。在此期间，我会到学生中间巡场，走进学生，找到学生的疑惑点，然后请学生代表来分析此题，并说出正确的结果。因为学生对此知识点掌握相对薄弱，我会在此处着重强调在得到答案之后验证答案的重要性，让学生从题目中总结所学到的方法。

案例 2.12 最值问题求解

阅读案例，并回答问题。

下面是某位教师在讲解一道题目时的教学片段。

题目：在$\triangle ABC$中，已知$AB=2$，$AC=\sqrt{2}BC$，求$S_{\triangle ABC}$的最大值。

环节一。

师：请大家仔细读题，说说你的解题思路。

生 1：设$BC=x$，$AC=\sqrt{2}x$，由$S_{\triangle ABC}=\frac{1}{2}AB\cdot AC\cdot\sin A$，可得关于$x$的函数表达式，于是转化为函数的最值问题。

生 2：设$BC=x$，可以用x表示$S_{\triangle ABC}$，最终用基本不等式求解。

生 3：以线段AB中点为原点，以AB所在直线为x轴建立直角坐标系，从解析几何角度寻找最大值。

教师引导学生评价以上几种解题思路。

环节二。

师：这个问题大家各有想法。请学生 1，学生 3 板演。

生 1：设$BC=x$，$AC=\sqrt{2}x$，$\cos A=\frac{x^2+4}{4\sqrt{2}x}$，则

$$\sin A=\frac{\sqrt{-x^4+24x^2-16}}{4\sqrt{2}x},$$

所以

$$S_{\triangle ABC}=\frac{\sqrt{-x^4+24x^2-16}}{4},$$

当$x^2=12$时，$S_{\triangle ABC}$有最大值$2\sqrt{2}$。

生 3：以线段AB中点为原点，以AB所在直线为x轴建立直角坐标系。因为$A(-1,0)$，$B(1,0)$，$C(x,y)$，则

$$AC=\sqrt{y^2+(x+1)^2},$$
$$BC=\sqrt{y^2+(x-1)^2}。$$

将以上两式代入 $AC=\sqrt{2}BC$ 中，
可得 C 的轨迹为 $(x-3)^2+y^2=8(y\neq 0)$，
当取 $(3,\pm 2\sqrt{2})$ 时，$S_{\triangle ABC}$ 有最大值 $2\sqrt{2}$。

环节三。

比较不同解法，进行解题反思。

问题：

(1) 该教师可以从哪几个方面引导学生进行解题反思？

(2) 学生 1 和学生 3 的解法体现了数学解题的两种通性通法，分别是什么？

(3) 上面的教学过程对你的教学工作有哪些启发？

解析：

(1) 该教师可以从问题所涉及的知识点、题目的特征、解题思路、推导过程、解题过程等方面引导学生进行反思。

(2) 中学数学的学习离不开解题，在解题过程中，经常会用到一些常规的解题模式和常用的数学方法，我们称之为通性通法。学生 1 的解法体现了数学解题的代数法，学生 3 的解法体现了数学解题的数形结合法(或定量法)。

(3) 对教学工作的启发：教学要坚持以学生活动为中心，面向全体学生授课，以启发式为主，兼顾个别学生；从听讲、笔记、练习、反馈等环节入手，引导学生积极参与学习活动，理解和掌握基本概念和基本技能，使学生在学习活动过程中不仅获得知识，还能提高解决问题的能力；对巩固课坚持精讲多练，精选典型例题，引导学生仔细分析问题的特点，寻求解决问题的思路和方法，提出合理的解决方案，力争使讲解通俗易懂，使方法融会贯通，并让学生在练习中对所学知识加以消化，真正提高学生分析问题、解决问题的能力。

案例 2.13　和差化积公式的证明(2016 年下)

阅读案例，并回答问题。

在一次数学课上，某位教师给出如下例题。

求证：$\sin\theta+\sin\phi=2\sin\frac{\theta+\phi}{2}\cos\frac{\theta-\phi}{2}$。

该教师对该例题的讲解过程如下。

方法一：首先证明等式 $\sin(\alpha+\beta)+\sin(\alpha-\beta)=2\sin\alpha\cos\beta$，
然后令 $\alpha=\frac{\theta+\phi}{2}$，$\beta=\frac{\theta-\phi}{2}$，则 $\theta=\alpha+\beta$，$\phi=\alpha-\beta$，
于是 $\sin\theta+\sin\phi=2\sin\frac{\theta+\phi}{2}\cos\frac{\theta-\phi}{2}$ 成立。

接着，教师给出另一种证法。

方法二：等式左边 $=\sin\left(\frac{\theta+\phi}{2}+\frac{\theta-\phi}{2}\right)+\sin\left(\frac{\theta+\phi}{2}-\frac{\theta-\phi}{2}\right)$

$$=\sin\frac{\theta+\phi}{2}\cos\frac{\theta-\phi}{2}+\cos\frac{\theta+\phi}{2}\sin\frac{\theta-\phi}{2}+\sin\frac{\theta+\phi}{2}\cos\frac{\theta-\phi}{2}-\cos\frac{\theta+\phi}{2}\sin\frac{\theta-\phi}{2}$$

$$=2\sin\frac{\theta+\phi}{2}\cos\frac{\theta-\phi}{2}=\text{右边},$$

即证得等式成立。

正当教师要讲解下一道例题时，有学生提出：能否从等式的右端推导出等式左端？教师以从等式右端推导出等式左端比较烦琐为理由，不理会学生，就匆匆进入了下一道例题的讲解。

问题：

（1）结合上述案例，谈一谈教师应该如何对待学生提出的不在教学预设中的问题。

（2）如果你是该教师，会如何回答学生的提问？

解析：

（1）教师应该区别对待学生提出的不在教学预设中的问题。首先，要判断学生提出的问题的价值，依据价值性大小给予回应。我们把与教学目标相关的问题都归为“正问题”，把偏离或背离教学目标的问题都归为“负问题”。如本案例中学生的提问“能否从等式右端推导出等式左端”这一问题便是“正问题”，对待“正问题”应该给予积极回应。对学生提出的“负问题”，教师一方面可以启发引导，将其转化为“正问题”进行处理，一方面可以采取“冷处理”的办法。其次，要依据问题的内容灵活处理，如师生互动讨论或生生小组讨论，也可以让学生自行探究或课下解决。

（2）如果我是该教师，我会将该问题作为一道思考题目，让学生进行小范围的讨论，最后对此三种解题方法进行分析总结。具体实施方式如下。

提问：刚刚这位同学提出了一个很新颖的解题思路，那么我们可不可以从等式右端推导出等式左端呢？大家同桌之间互相讨论一下是否可以，如果可以，又是如何推导的呢？

我将在学生讨论的过程中进行巡视，并对有问题的学生加以指导，为了不耽误课堂进度，将讨论时间初步定为 3 分钟。

在此之后我会请同学进行结果展示。

方法三：$\sin\frac{\theta+\phi}{2}\cos\frac{\theta-\phi}{2}$

$$=\left(\sin\frac{\theta}{2}\cos\frac{\phi}{2}+\sin\frac{\phi}{2}\cos\frac{\theta}{2}\right)\left(\sin\frac{\theta}{2}\sin\frac{\phi}{2}+\cos\frac{\theta}{2}\cos\frac{\phi}{2}\right)$$

$$=\sin\frac{\theta}{2}\cos^2\frac{\phi}{2}\cos\frac{\theta}{2}+\cos^2\frac{\theta}{2}\sin\frac{\phi}{2}\cos\frac{\phi}{2}+\sin^2\frac{\theta}{2}\cos\frac{\phi}{2}\sin\frac{\phi}{2}+\sin\frac{\theta}{2}\sin^2\frac{\phi}{2}\cos\frac{\theta}{2}$$

$$=\sin\frac{\theta}{2}\cos\frac{\theta}{2}\left(\cos^2\frac{\phi}{2}+\sin^2\frac{\phi}{2}\right)+\sin\frac{\phi}{2}\cos\frac{\phi}{2}\left(\cos^2\frac{\theta}{2}+\sin^2\frac{\theta}{2}\right)$$

$$=\frac{1}{2}\sin\theta+\frac{1}{2}\sin\phi,$$

结果得证。

在此基础上我会提问学生：三种解题方法各自的优点是什么？谈一谈你更倾向于用哪种方法解决问题。

最后引导学生共同总结，在解决三角函数公式证明题的时候，需要注意两点：第一，合理选择诱导公式及和差化积公式非常重要，如方法三对于两角和差公式的反复运用，虽计算过程稍微复杂，但是方法更加简单，容易想到。第二，灵活运用整体代换的思想方法可以快速解决问题，如方法一可以精简计算过程，避免计算出错。

案例 2.14　三角形中正切公式的证明

阅读案例，并回答问题。

下面是某位学生在解答一道题目时的解题过程。

题目：判断命题“在$\triangle ABC$中恒满足 $\tan A\tan B\tan C=\tan A+\tan B+\tan C$”是否正确，如果正确，证明之；如果不正确，请说明理由。

解：命题正确。证明如下：在$\triangle ABC$中有$C=\pi-(A+B)$，所以有

$$\tan C=\tan[\pi-(A+B)]=-\tan(A+B)=-\frac{\tan A+\tan B}{1-\tan A\tan B},$$

整理即得

$$\tan A\tan B\tan C=\tan A+\tan B+\tan C。$$

问题：

(1) 指出该学生的错误之处，并分析出现错误的原因。

(2) 如果你是教师，在教学过程中如何帮助学生避免再出现这样的错误。

解析：

(1) 该学生的错误之处是忽略了题干中所述命题成立是有限制条件的，即$\triangle ABC$的三个角都不能是直角，也就是$\triangle ABC$不能是直角三角形。出现错误的原因是忽略了正切函数的定义域，即当A,B,C中有直角时，相应角的正切值是不存在的，因而导致等式$\tan A\tan B\tan C=\tan A+\tan B+\tan C$不能恒成立。

(2) 学生出现这样的错误是比较普遍的，主要原因是没有做好对隐含条件的挖掘。教师在教学中要注意，在学生知识形成的过程中要让学生知道知识的“来龙去脉”，对知识的背景及相关数学适当阐述，而不是干巴巴地只讲解知识点。数学概念及数学定理往往会有一些成立的条件，这些条件在学生学习时是重点，做题时是易错点，因而应该在教学中重点关注这些成立条件(限制条件)，以教学重难点的形式定位，并在练习中有针对性地加强训练，在测试中有目的地进行测试，养成第一时间考虑挖掘题目中隐含条件的思维习惯。

案例 2.15　利用单位圆的对称性探索三角函数的诱导公式

直角坐标系中的单位圆是研究三角函数的重要工具，可以帮助学生更加直观地认识和探索三角函数的相关知识。在三角函数的教学中，应发挥单位圆的作用。

阅读案例，并回答问题。

下面是某位教师在讲授三角函数诱导公式时的教学片段。

教学过程 1：如图 2.4 所示，在单位圆中，角 α 的终边与单位圆的交点记为 P，角 $-\alpha$ 的终边与单位圆的交点记为 P'，通过点 P 与 P' 关于 x 轴成轴对称，探索与角 $-\alpha$ 有关的诱导公式。

教学过程 2：如图 2.5 所示，在单位圆中，角 α 的终边与单位圆的交点记为 P，角 $\alpha+\pi$ 的终边与单位圆的交点记为 P'，通过点 P 与 P' 关于点 O 成中心对称，即角 α 的终边绕点 O 旋转 π 后得到角 $\alpha+\pi$ 的终边，探索与角 $\alpha+\pi$ 有关的诱导公式。

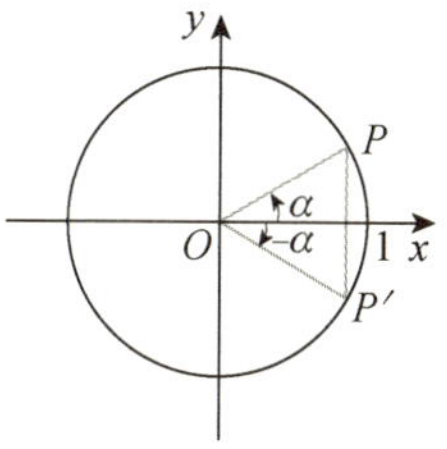

图 2.4　教学过程 1

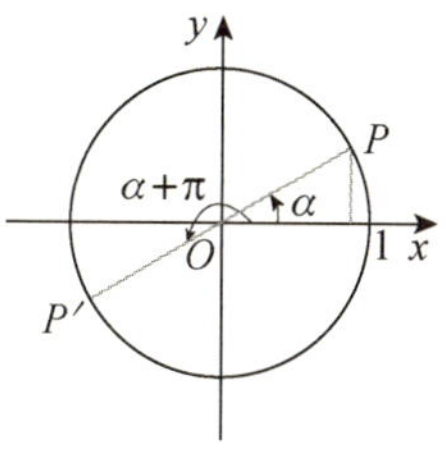

图 2.5　教学过程 2

引导学生通过类比，发现其他形式的对称性及与旋转变换相关的坐标关系，尝试建立数学公式，并验证公式的正确性。

引导学生自己总结出记忆公式的方法，理解其中的含义。例如，理解“奇变偶不变、符号看象限”的含义。

问题：

（1）请你针对该教学片段的描述总结本节课及“三角函数”一章的教学重点。

（2）请分析该教师教学过程中的优点。

解析：

（1）本节课的教学重点为，引导学生借助单位圆的直观来探索诱导公式，把正弦、余弦函数概念，图形对称（旋转），坐标表达等有机结合起来，从而揭示诱导公式的本质，探索三角函数的有关性质，培养学生分析问题和解决问题的能力。这一过程同时也发展了学生数学抽象、逻辑推理、直观想象、数学运算和数学建模等数学素养。“三角函数”这一章尽管内容烦杂，但在本质上是一个整体，不同知识之间存在实质性联系。教学中要关注内容主线之间的关联以及同一个内容主线中重要知识点之间的关联，重点关注知识背后的数学思想、方法的贯通，尤其注重形、数之间的结合。

（2）诱导公式的教学，要关注公式产生的必要性（提出问题的过程——用数学的眼光看世界）、合理性（分析问题的过程——用数学的思维分析世界）、精确性（数学建构的过程——用数学的语言表达世界），对公式用辩证的、变化的、整体的、函数的、方程的观点去多角度认识。诱导公式的教学内容提供了发展学生直观想象素养的平台。该教师的教学过程能够通过直观的数学背景和清晰的数学表达，揭示数学结论的本质，提升学生的直观想象和逻辑推理素养。

案例 2.16　等差数列问题（2016 年上）

数列是高中数学的重要内容之一，它不仅有着广泛的实际应用，而且起着承前启后的作用。一方面，数列作为一种特殊的函数与函数思想密不可分；另一方面，学习数列也为进一步学习数列的极限等内容做好准备。而等差数列是在学生学习了数列的有关概念和数列的两种表示方法——通项公式和递推公式的基础上，对数列知识的进一步深入和拓展。此外学习等差数列也为今后学习等比数列提供了“联想”“类比”的思想方法。

阅读案例，并回答问题。

在等差数列的习题课教学中，某位教师布置了这样一个问题：等差数列前 10 项和为 100，前 100 项和为 10，求前 110 项的和。

两位学生的解法如下。

生 1：设等差数列的首项为 a_1，公差为 d，则

$$\begin{cases} S_{10}=10a_1+\dfrac{10\times 9}{2}d=100, \\ S_{100}=100a_1+\dfrac{100\times 99}{2}d=10, \end{cases}$$

解得 $a_1=\dfrac{1099}{100}$，$d=-\dfrac{11}{50}$，

所以

$$S_{110}=110a_1+\frac{110\times 109}{2}d=-110。$$

生 2：设等差数列$\{a_n\}$的前 n 项和为 $S_n=An^2+Bn$，由已知得

$$\begin{cases} 100A+10B=100, \\ 10000A+100B=10。 \end{cases}$$

解得 $A=-\dfrac{11}{100}$，$B=\dfrac{111}{10}$，

所以

$$S_{110}=110^2\times\left(-\frac{11}{100}\right)+110\times\frac{111}{10}=-110。$$

针对上述解法，一些学生提出了自己的想法。

生 3：怎么刚好有 $S_{100}+S_{10}=-S_{110}$ 呢？这是一种巧合吗？上述所得到的结论中是否隐含着一般性规律呢？

师：同学 3 所说的规律是否就是：

一般地，在等差数列$\{a_n\}$中，若存在正整数 p,q 且 $p\neq q$，使得 $S_p=q$，$S_q=p$，则

$$S_p+S_q=-S_{p+q}。\qquad (*)$$

请同学们进行验证。

问题：

(1) 请分析学生 1 和学生 2 的解法各自的特点，并解释学生 2 设 $S_n=An^2+Bn$ 的理由。

(2) 请验证(*)式中结论是否成立。

解析：

(1) 学生 1 的解法是先根据已知条件求出等差数列的首项 a_1 和公差 d，然后根据等差数列的前 n 项和公式求出前 110 项的和，是将之前学过的等差数列的知识和概念加以

应用,有利于新知识的巩固,加强对新知识的实际应用。学生 2 的解法是根据数列与函数的关系求解,是对新知识进行主动的构建,积极主动地将新知识与函数关系结合在一起,利于创造性的发挥。

学生 2 这样做的理由是：因为等差数列的前 n 项和公式为

$$S_n = na_1 + \frac{n(n-1)}{2}d = \frac{d}{2}n^2 + \left(a_1 - \frac{d}{2}\right)n,$$

所以可以把前 n 项和 S_n 看成 n 的二次函数,即 $S_n = An^2 + Bn$ 的形式。

(2)(＊)式中结论是成立的。

由等差数列的前 n 项和公式可得

$$S_p = a_1 p + \frac{p(p-1)}{2}d = q, \quad ①$$

$$S_q = a_1 q + \frac{q(q-1)}{2}d = p, \quad ②$$

$$S_{p+q} = a_1(p+q) + \frac{(p+q)(p+q-1)}{2}d。 \quad ③$$

由于 $p \neq q$,联立①②两式可解得

$$d = -\frac{2(p+q)}{pq}, \quad ④$$

则

$$S_p + S_q + S_{p+q} = a_1(p+q) + \frac{(p^2+q^2-p-q)}{2}d + a_1(p+q) + \frac{(p^2+q^2+2pq-p-q)}{2}d。$$

将①②两式代入上式得

$$S_p + S_q + S_{p+q} = p + q + p + q + \frac{d}{2}2pq = 2(p+q) + dpq,$$

将④式代入上式可得

$$S_p + S_q + S_{p+q} = 0,$$

故(＊)式中结论是成立的。

案例 2.17　迭代计算问题

迭代法也称辗转法,是一种不断用变量的旧值递推出新值的解决问题的方法,一般用于数值计算。比较典型的迭代法有“牛顿切线法”和“二分法”等,可用于求解一元二次方程解的问题。这种求解方法涉及了考查理解运算对象、把握运算规律、表达运算过程、设计运算程序等一系列数学运算的思维活动。

阅读案例,并回答问题。

在迭代问题的教学中,某位教师以求解一元二次方程 $x^2+x-1=0$ 为例,讲解迭代计算问题。该方程是经典的求黄金分割的方程式。令 $f(x)= x^2+x-1$,对抛物线 $y=f(x)$ 持续实施下面“牛顿切线法”的步骤：

在点(1,1)处作抛物线的切线,交 x 轴于$(x_1,0)$;

在点$(x_1,f(x_1))$处作抛物线的切线,交 x 轴于点$(x_2,0)$;

在点$(x_2,f(x_2))$处作抛物线的切线,交 x 轴于点$(x_3,0)$;

……

师:问题一,这样一直做下去我们能得到什么?

生:得出数列。

师:问题二,能求出 x_1 的值吗?

师:问题三,更进一步,大家能求出这个数列的表达式吗?设 $x_{n+1}=g(x_n)$,求 $g(x_n)$ 的解析式。

师:问题四,用“二分法”求方程的近似解,给出前四步结果。比较“牛顿切线法”和“二分法”的求解速度。

问题:

(1) 请说明普通高中数学运算素养水平三应达到的目标。

(2) 请结合该教学片段分析,如何利用满意原则和加分原则,对学生数学运算素养水平中的表现进行评价。

解析:

(1) 普通高中数学运算素养水平三应达到:在综合的情境中,能够把问题转化为运算问题,确定运算对象和运算法则,明确运算方向。能够对运算问题,构造运算程序,解决问题。能够用程序思想理解与表达问题,理解程序思想与计算机解决问题的联系。在交流的过程中,能够用程序思想理解和解释问题。

(2) 针对教师的问题二,求出抛物线在点(1,1)处的切线方程 $y-1=f'(1)(x-1)$,得到 $y=3x-2$。令 $y=0$,得到 $x_1=\dfrac{2}{3}$。如果完成这个步骤,说明学生能够正确运用求导运算得到抛物线的切线方程,理解切线与 x 轴交点横坐标是所求的运算对象。根据满意原则,可以认为其达到普通高中数学运算素养水平一的要求。

针对教师的问题三,求出抛物线在点$(x_n,f(x_n))$处的切线方程 $y=(2x_n+1)(x-x_n)+(x_n^2+x_n-1)$。这说明学生能够一般性地理解运算对象,并能够正确地予以数学表达,根据满意规则,可以认为其达到普通高中数学运算素养水平二的要求。

令 $y=0$,得到 $x_{n+1}=\dfrac{x_n^2+1}{2x_n+1}$,进而 $g(x_n)=\dfrac{x_n^2+1}{2x_n+1}$。如果完成这个步骤,说明学生能够很好地理解迭代运算,并且能够正确地运用代数式予以表达。根据满意原则,可以认为其达到普通高中数学运算素养水平三的要求。

针对教师的问题四,用求根公式可以得到一元二次方程的正根为$\dfrac{\sqrt{5}-1}{2}$,近似解为0.618,就是著名的黄金分割数。用“二分法”求方程近似解的前四步为:

因为 $f(0)=-1,f(1)=1$,所以 $f(x)$在区间(0,1)内至少有一个零点;

因为 $f(0.5)=-0.25$,所以 $f(x)$在区间(0.5,1)内至少有一个零点;

因为 $f(0.75)=0.3125$,所以 $f(x)$在区间(0.5,0.75)内至少有一个零点;

因为 $f(0.625)=0.015625$,所以 $f(x)$在区间(0.5,0.625)内至少有一个零点。

可以看到，用“二分法”计算前四步得到近似解为 0.625。同样从 $x=1$ 出发，用“牛顿切线法”解析式可求得第二步和第三步的近似解分别为 $x_2\approx0.619$，$x_3\approx0.618$。比较“牛顿切线法”与“二分法”前几步的结果，可以看到“牛顿切线法”要比“二分法”的求解速度快得多。如果学生完成这个步骤，根据加分原则，可以在普通高中数学运算素养水平三的基础上加分。

案例 2.18　二分法概念的引入

阅读案例，并回答问题。

下面是两位教师引入二分法概念时的教学片段。

教师 1 的引入：

师：在一个风雨交加的夜晚，从某水库闸房到防洪指挥部的电话线路发生了故障。这是一条 1 km 长的线路，如何迅速查出故障所在？如果沿着线路一小段一小段查找，困难很多。每查一个点要爬一次 10 m 高的电线杆，大约总共有 200 根电线杆。想一想，维修线路的工人师傅怎样工作最合理？

生 1：直接一根根电线杆去寻找。

生 2：先找中点，缩小范围，再找剩下来一半的中点。

师：生 2 的方法对不对呢？我们一起来考虑一下。如图 2.6 所示，维修工人首先从中点 C 点开始检查，他用随身带的话机测试两个端点时，发现 AC 段正常，断定故障在 BC 段；再到 BC 段中点 D 点，这次发现 BD 段正常，可见故障在 CD 段；再到 CD 段中点 E 点……每查一次，可以把待查的线路长度缩减一半，如此检查下去，很快就能把故障点锁定在一两根电线杆。

图 2.6　查找故障示意图

师：我们可以用一个动态过程来展示一下。

（展示多媒体课件）

师：在一条线段上找某个特定点，可以通过取中点的方法逐步缩小特定的点所在的范围，即二分法思想。

在此基础上教师引入二分法的概念。

教师 2 的引入：

师：大家都看过中央电视台的《幸运 52》节目吧？今天咱们也试一回好不好？

（出示游戏标题：看商品、猜价格）

学生积极参与游戏，课堂气氛活跃。

师：竞猜中如何确定价格最可能的范围？

生：主持人“高了”“低了”的回答是判断价格所在区间的依据。

师：如何才能更快地猜中商品的预定价格？

学生回答各异。

教师由此引导学生总结出二分法的思想,并向同学们引出二分法的概念。

问题:

(1) 分析两位教师教学引入时各自的特点。

(2) 结合案例,说明为什么要学习用二分法求方程的近似解。

解析:

(1) 教师1从实际问题入手,借助计算机来演示利用二分法思想查找故障发生点的过程,通过演示初步体会二分法的思想与方法,说明二分法源于现实生活,并在现实生活中有广泛应用。

教师2利用游戏的形式,吸引学生踊跃参与。商品价格竞猜是学生熟悉的情境,竞猜的方法多样,可以开展竞赛。教师通过问题启发学生寻找准确价格区间的办法,为后面的教学埋下了伏笔。

(2) 首先,《普通高中数学课程标准》(2017年版)强调函数的应用,用二分法求方程的近似解体现了函数在其他方面的应用。其次,二分法运算简便而又应用广泛,利用二分法求方程的解这一内容也是函数思想存在的一个良好载体。二分法还是高中数学必修3中算法学习的一个铺垫。最后,二分法朴素地体现了数学逼近的过程,虽然简单,但包含了许多以后可以在其他领域运用和推广的朴素的思想,如"整体局部""定性定量""精确近似""计算技术"等,这些数学思想发展的过程,具有萌发数学思想的教育价值。

案例2.19 弧度制的引入

阅读案例,并回答问题。

某位教师在讲授弧度制时引入如下几个关键教学环节。

(1) 引入弧度制。度量长度可以用米、英尺、码等不同的单位制,度量重量可以用千克、磅等不同的单位制。不同的单位制能给解决问题带来方便。角的度量是否也能用不同的单位制呢? 进而,给出弧度制和1弧度的角的概念。

(2) 给出角度制和弧度制之间的转换关系式。

(3) 给出角的集合与实数集合之间的关系。在弧度制下,角的集合与实数集合之间建立起一一对应的关系:每一个角都有唯一的一个实数(即这个角的弧度数)与它对应;反过来,每一个实数也都有唯一的一个角(即弧度数等于这个实数的角)与它对应。

问题:

(1) 从函数定义的角度分析引进弧度制的必要性。

(2) 以初等函数运算和微积分中的求极限运算为例,分析引进弧度制的必要性。

解析:

(1) 函数定义中要求定义域与值域都是实数集或其真子集,即函数定义中的对应关系是实数到实数的。如果仍然像初中那样以直角三角形中的边与角的关系刻画三角函数,即自变量使用六十进制的角度制,而不是实数,就不符合"函数是实数之间的对应关系”的定义了。另外，三角函数的定义域为实数后，其定义域不仅可以表示角度，还可以表示时间等其他量，使三角函数的应用范围更加广泛。

（2）初等函数是基本初等函数做有限次四则运算和复合运算得到的函数。只有以弧度制表示角，自变量的值才能与其三角函数值进行加减等运算，得到相应的初等函数。角度制下的角度值与其三角函数值不能做加减法运算。

微积分中的求极限运算引入弧度制也是有必要的。例如微积分中的两个重要极限之一是$\lim\limits_{x\to 0}\frac{\sin x}{x}=1$，这里也依赖于自变量是实数，从而也需要把角度制转化为能够与实数一一对应的弧度制。

【本章小结】

本章主要列举了19个较为典型的函数主题教学案例，并进行了详细的案例诊断分析，以期帮助学生更好地理解集合与函数作为基本的数学语言和工具，在解决实际问题中发挥的重要作用。本章的重点在于提升学生的数学抽象、数学运算、直观想象和逻辑推理等素养。

【本章要点回顾】

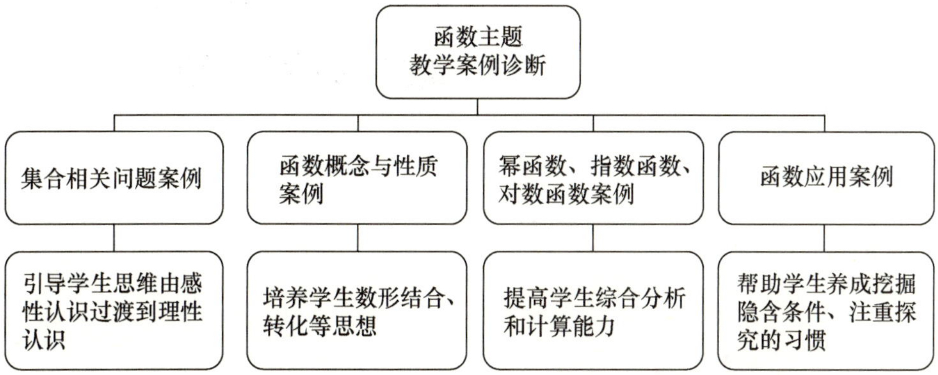

第三章

几何与代数主题
教学案例诊断

☞ 学习目标

◎ 明确几何与代数在高中数学课程中的地位，知道如何进行教学应用。

◎ 充分体会几何直观与代数运算之间的关联，更好地理解数学知识的整体性。

☞ 教学提示

几何与代数是高中数学课程的主线之一。在几何与代数的教学中，教师要突出几何直观与代数运算之间的融合，即通过形与数的结合，启发和引导学生感悟数学知识之间的关联，帮助学生更好地理解数学知识的整体性。在教学过程中，应遵循以教师为主导、学生为主体的原则，让学生在学习过程中充分发挥主观能动性。

☞ 学习导引

本章结合《普通高中数学课程标准》(2017 年版)的要求，以高中数学课程中的几何与代数主线为基础，对一些典型问题，主要包括代数运算、平面向量及其应用、复数的概念、圆锥曲线、空间线面关系等的教学案例进行了诊断分析。

案例 3.1　不等式的证明(2014 年下)

阅读案例，并回答问题。

某教科书选修 4-5(不等式的证明)有一道例题如下。

求证：$\sqrt{2}+\sqrt{7}<\sqrt{3}+\sqrt{6}$。

证明：因为$\sqrt{2}+\sqrt{7}$和$\sqrt{3}+\sqrt{6}$都是正数，所以要证$\sqrt{2}+\sqrt{7}<\sqrt{3}+\sqrt{6}$，只需证

$$(\sqrt{2}+\sqrt{7})^2<(\sqrt{3}+\sqrt{6})^2,$$

展开得

$$9+2\sqrt{14}<9+2\sqrt{18},$$

只需证$\sqrt{14}<\sqrt{18}$，即证 $14<18$。

因为 $14<18$ 成立，

所以$\sqrt{2}+\sqrt{7}<\sqrt{3}+\sqrt{6}$成立。

两位教师基于上述例题，在课堂教学中做了以下教学处理。

教师 1：让学生直接阅读教科书，然后问学生是否看懂了，在得到一些学生看懂了的反馈后，教师又布置了一道练习题，求证：$\sqrt{3}+\sqrt{8}<1+\sqrt{10}$。

教师 2：让学生用计算器分别计算$\sqrt{2}+\sqrt{7}$和$\sqrt{3}+\sqrt{6}$，并比较大小，然后问学生如果

不用计算器计算，那么应该如何比较大小？让学生独立思考，教师巡视后提问没有思路的学生，并进一步启发学生：为了证明该不等式，只需证明什么不等式即可？为了打开学生的思路，教师把学生提出的几种方法都写在黑板上。如$(\sqrt{2}+\sqrt{7})^2<(\sqrt{3}+\sqrt{6})^2$，$\sqrt{7}-\sqrt{6}<\sqrt{3}-\sqrt{2}$，……通过师生互动合作，用几种分析法解决了问题后，教师接着问学生，是否还有其他不同的解决问题的思路。一位学生说到，他想到了该不等式问题可以转化为函数问题予以解决。教师觉得这位学生的方法独具匠心，但是自己在设计教学时，没有想到这种解法，觉得这是在教学中生成的新解法。

问题：

(1) 教师 1 主要按照教科书提供的解决问题的方法组织课堂教学，教师 2 没有完全按照教科书组织课堂教学，请对两位教师的做法加以评价。

(2) 为了引发学生积极思考、领悟数学思想，从处理好课堂教学中“预设与生成”关系的视角，对两位教师的教学过程做出评析。

(3) 给出运用函数证明该不等式的方法，并简要说明该方法的数学教学价值。

解析：

(1) 教师 1 的做法是传统的教学方法，比较死板，没有认识到学生的认知水平，没有考虑到学生之间的个体差异。其优点是在学习完一个例题后，又布置了一道练习题进行巩固。教师 2 的做法完全符合新课标规定的教学方式，将课堂交给学生，以学生为主体、教师为主导，引导学生思考，循序渐进地启发学生，充分考虑到学生的个体差异，帮助学生打开思路。在课堂中，采用师生互动合作的学习方式，并将学生的解答方法展现在黑板上，最后让学生补充其他的解题方法，充分尊重每一个学生的想法。当然，这位教师的教学也存在一些不足，即在教学设计时没有考虑到用函数的方法证明此不等式，备课中没有考虑到解不等式的函数思想方法。

(2) 教师 1 没有辩证地理解“预设与生成”的关系，出现了只有“预设”、完全封闭、一切尽在“教师掌握之中”的现象，没有结合学生的认知水平和学生间的个体差异，造成了不适当的“生成”。教学过程中缺乏了教师引导，影响了课堂教学质量。

教师 2 体现了对教学过程的“预设”，集中表现在：能根据所教班级学生的实际情况，选择贴切的教学素材和教学流程，准确地体现基本理念和内容标准规定的要求，并把“预设”转化为实际的教学活动。在这个案例的教学过程中，师生双方的互动“生成”了一些新的教学资源。教师 2 能够及时把握这些资源，因势利导，适时调整预案，使教学活动收到了更好的效果。但是教师 2 的不足是没有仔细研究教材，忽略了用函数思想证明此不等式的方法，没有把本节课进行适当拓展和深化。

(3) 构造函数 $f(x)=\sqrt{x}+\sqrt{9-x}\,(0\leqslant x\leqslant 9)$，则

$$f'(x)=\frac{1}{2\sqrt{x}}-\frac{1}{2\sqrt{9-x}}=\frac{1}{2}\left(\frac{\sqrt{9-x}-\sqrt{x}}{\sqrt{x}\sqrt{9-x}}\right),$$

令 $f'(x)>0$，则 $0\leqslant x<\frac{9}{2}$；

令 $f'(x)<0$，则 $\frac{9}{2}<x\leqslant 9$。

即当 $0\leqslant x<\frac{9}{2}$ 时，函数 $f(x)$ 单调递增；当 $\frac{9}{2}<x\leqslant 9$ 时，函数 $f(x)$ 单调递减。

由函数 $f(x)$ 的单调性可知：$f(2)<f(3)$，
即证得 $\sqrt{2}+\sqrt{7}<\sqrt{3}+\sqrt{6}$。

运用函数证明该不等式的方法使我们意识到，不等式与函数是紧密联系的，很多不等式问题往往有相关的函数背景，可以利用函数的思想来解决。同时这种方法也可以培养学生的思维能力和逻辑推理能力。

案例 3.2　不等式组相关问题

阅读案例，并回答问题。

下面是某学生在做一道题目时的解题过程。

题目：关于 x 的不等式组 $\begin{cases}x-2>2x\\ x<2x-a\end{cases}$ 只有 3 个整数解，则 a 的取值范围是______。

解：由不等式组得：$a<x<-2$。因为不等式组只有 3 个整数解，即为 $-3,-4,-5$，所以 $-6<a<-5$。

问题：

(1) 请指出该学生的错误之处，并分析出现错误的原因。

(2) 如果你是教师，在教学过程中如何帮助该学生避免再次出现这样的错误。

解析：

(1) 该学生的错误是：忽略了当 $a=-6$ 时的情形，a 的取值范围应为 $-6\leqslant a<-5$。

出现错误的原因是：解题时没有验证区间端点的情况，当 $a=-6$ 时不等式为 $-6<x<-2$，不等式的整数解仍然是 3 个：$-3,-4,-5$。该学生没有对特殊点进行验证，导致了错误的出现。

(2) 这种错误是普遍存在的，学生经过思考计算后得出结果，但往往因为忽略了一些细节而导致最后的结果不正确。这就是很多学生口头所说的"粗心了"的情况。教师应该帮助学生尽可能地杜绝这种"粗心"。

如果我是教师，我会从以下几点着手来帮助学生避免再次出现这样的错误。① 在新知识教学中注重强调基础知识、基本概念，在学生知识和思维的薄弱点设置教学环节，帮助学生真正掌握知识点。② 在日常教学中培养学生养成正确的学习习惯和思维习惯。例如，正确对待草稿纸，整洁的草稿纸是理性思维的外在表象；做题时不要一味求快，要认真仔细，适当的时候要"瞻前顾后"、把握整体，对已知条件、已得结论、所求结果等统筹把握，而不是想到什么写什么，思维要缜密，重点关注易错点、特殊点。③ 培养学生养成良好的心态。很多学生在平时学习和考试中的心态是不一样的。考试中由于紧张的气氛和时间的限制会出现一些"粗心"，如把"＋"误写成"－"、把"＜"误写成"＞"等，因此，培养学生养成良好的心态也是减少错误出现的重要环节。

案例 3.3　基本不等式的应用

阅读案例,并回答问题。

下面是某位学生在做一道题目时的解题过程。

题目:$a>0,b>0,a+b=1$,求$\left(a+\frac{1}{a}\right)^2+\left(b+\frac{1}{b}\right)^2$的最小值。

解:

$$\begin{aligned}\left(a+\frac{1}{a}\right)^2+\left(b+\frac{1}{b}\right)^2&=a^2+b^2+\frac{1}{a^2}+\frac{1}{b^2}+4\\&\geqslant 2ab+\frac{2}{ab}+4\\&\geqslant 4\sqrt{ab\cdot\frac{1}{ab}}+4=8,\end{aligned}$$

因此$\left(a+\frac{1}{a}\right)^2+\left(b+\frac{1}{b}\right)^2$的最小值是 8。

问题:

(1) 指出该学生的错误之处,并分析出现错误的原因。

(2) 写出该题的正确解题过程。

解析:

(1) 该学生的错误是:在解答过程中两次用到了基本不等式,第一个不等式等号成立的条件为 $a=b$,第二个不等式等号成立的条件为 $ab=\frac{1}{ab}$。显然,在 $a+b=1$ 的条件下,这两个等式是不能同时成立的。因此,最小值不可能是 8。

出现错误的原因是:该学生对基本不等式等号成立的条件没有理解透彻,忽略了对某些特殊情形的讨论。该学生应加强对基本不等式应用的练习,教师也应在授课过程中对基本不等式等号成立的条件加以强调。

(2)

$$\begin{aligned}\text{原式}&=a^2+b^2+\frac{1}{a^2}+\frac{1}{b^2}+4=(a^2+b^2)+\left(\frac{1}{a^2}+\frac{1}{b^2}\right)+4\\&=[(a+b)^2-2ab]+\frac{[(a+b)^2-2ab]}{a^2b^2}+4。\end{aligned}$$

由已知 $a+b=1$,故原式$=(1-2ab)\left(1+\frac{1}{a^2b^2}\right)+4$。

由 $ab\leqslant\left(\frac{a+b}{2}\right)^2=\frac{1}{4}$,得:

$$1-2ab\geqslant 1-\frac{1}{2}=\frac{1}{2},\frac{1}{a^2b^2}\geqslant 16,$$

故

$$\text{原式}\geqslant\frac{1}{2}\times 17+4=\frac{25}{2}\left(\text{当且仅当 } a=b=\frac{1}{2}\text{ 时,等号成立}\right),$$

因此$\left(a+\frac{1}{a}\right)^2+\left(b+\frac{1}{b}\right)^2$的最小值是$\frac{25}{2}$。

案例 3.4　平面向量的应用(2017 年上)

阅读案例,并回答问题。

在学习平面向量后,某教师布置了如下一道练习题。

题目:若非零向量$\vec{a}$,$\vec{b}$满足$|\vec{a}-\vec{b}|=|\vec{b}|$,则(　　)。

A. $|2\vec{b}|>|\vec{a}-2\vec{b}|$　　B. $|2\vec{b}|<|\vec{a}-2\vec{b}|$

C. $|2\vec{a}|>|2\vec{a}-\vec{b}|$　　D. $|2\vec{a}|<|2\vec{a}-\vec{b}|$

教师要求学生写出详细的解题过程,三位学生分别给出了如下的解法。

生 1:因为$|\vec{a}-\vec{b}|=|\vec{b}|$,所以$\vec{a}-\vec{b}=\vec{b}$或$\vec{a}-\vec{b}=-\vec{b}$,故$\vec{a}=2\vec{b}$或$\vec{a}=0$(舍去),所以$|\vec{a}-2\vec{b}|=0$。由于$\vec{b}$是非零向量,所以$|2\vec{b}|>0$,故$|2\vec{b}|>|\vec{a}-2\vec{b}|$,选 A。

生 2:因为$|\vec{a}-\vec{b}|=|\vec{b}|$,所以$(\vec{a}-\vec{b})(\vec{a}-\vec{b})=\vec{b}\vec{b}$,$\vec{a}\vec{a}-2\vec{a}\vec{b}+\vec{b}\vec{b}=\vec{b}\vec{b}$,所以$\vec{a}\vec{a}=2\vec{a}\vec{b}$,所以$\vec{a}=2\vec{b}$,故$|\vec{a}-2\vec{b}|=0$。由于$\vec{b}$是非零向量,所以$|2\vec{b}|>0$,故$|2\vec{b}|>|\vec{a}-2\vec{b}|$,选 A。

生 3:因为$|\vec{a}-\vec{b}|=|\vec{b}|$,所以$|\vec{a}|=2|\vec{b}|$,故$|\vec{a}-2\vec{b}|=0$。由于$\vec{b}$是非零向量,所以$|2\vec{b}|>0$,故$|2\vec{b}|>|\vec{a}-2\vec{b}|$,选 A。

问题:

(1) 指出这三种解法各自存在的错误。

(2) 请你从已知条件$|\vec{a}-\vec{b}|=|\vec{b}|$出发,通过数形结合,引导学生给出正确的解法。

(3) 针对学生在向量运算中的错误,请写出向量运算与实数运算的不同点(至少写出三点)。

解析:

(1) 学生 1 在解答过程中只关注了$\vec{a}-\vec{b}$与$\vec{b}$同向与反向,以及在两个向量模长相等时$\vec{a}$与$\vec{b}$满足的关系,但是忽略了$\vec{a}-\vec{b}$与$\vec{b}$两个向量不共线这种情况。学生 2 在解答过程中虽然注意到了向量模长性质,但是在化简过程中混淆了向量的数量积与实数的乘法,忽略了向量数量积的性质,即$\vec{a}\vec{b}=|\vec{a}|\cdot|\vec{b}|\cos\theta$,其中$\theta$为两向量的夹角。学生 3 在解答过程中只关注了$\vec{a}-\vec{b}$与$\vec{b}$同向,以及在两个向量模长相等时$\vec{a}$与$\vec{b}$满足的关系,忽略了$\vec{a}-\vec{b}$与$\vec{b}$两个向量不共线及反向的情况。

(2) 向量的线性运算不仅涉及向量的长度,还涉及向量的方向,因此我会提出以下问题来引导学生思考。

问题 1:向量在进行线性运算的加减法运算时,满足什么运算法则呢?

(引导学生思考三角形法则和平行四边形法则)

问题 2:对于三角形法则和平行四边形法则,在计算向量加减法的过程中应根据向量的哪种特征进行合理的选择呢?

(引导学生思考根据两个向量不同的位置关系,选择不同的运算法则)

问题 3:现在我们分两种情况来讨论向量的减法运算:① $\vec{a}$与$\vec{b}$两向量有相同起点;② $\vec{a}$与$\vec{b}$两向量首尾相连。现在大家一起在纸上画一画,$\vec{a}$与$\vec{b}$满足哪种位置关系时,能够使得$|\vec{a}-\vec{b}|=|\vec{b}|$?我们又可以借助哪些特殊的图形对两个向量的位置关系进行描述呢?

[引导学生思考得出两种情况最终都可以用等腰三角形进行概括描述。例如，在等腰三角形 ABC 中，$AB=AC$，令 $\overrightarrow{BC}=\vec{a}$，$\overrightarrow{AC}=\vec{b}$，则 $\vec{a}-\vec{b}=\overrightarrow{BC}-\overrightarrow{AC}=\overrightarrow{BA}$。又 $AB=AC$，则 $|\vec{a}-\vec{b}|=|\vec{b}|$（图 3.1）]。

问题 4：请大家继续借助等腰三角形 ABC，在其基础上画出 $2\vec{b}$ 与 $\vec{a}-2\vec{b}$，那么大家可以发现什么结论呢？继续画出 $2\vec{a}$ 与 $2\vec{a}-\vec{b}$，大家又可以发现什么结论呢？

[引导学生思考根据向量的线性运算法则及三角形内角与边长的性质——大边对大角，得出：在 $\triangle BCD$ 中，$CD>BD$，即 $|2\vec{b}|>|\vec{a}-2\vec{b}|$，而 $2\vec{a}$ 与 $2\vec{a}-\vec{b}$ 的关系无法判断（图 3.2），故题目选 A。]

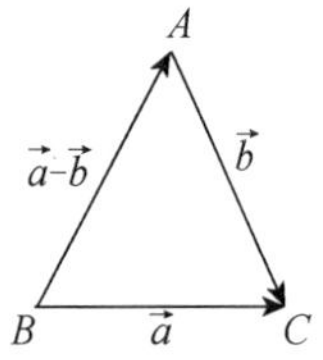

图 3.1 教学过程 1

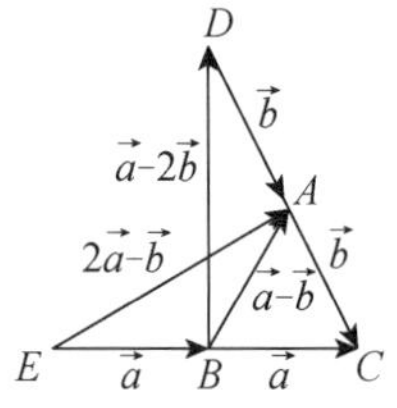

图 3.2 教学过程 2

(3) 向量运算与实数运算的不同点有以下几点：

第一，向量运算与实数运算的本质区别在于，向量运算不仅涉及向量的长度，还涉及向量的方向。

第二，向量的线性运算与实数的加减法运算虽然在运算过程中均满足运算律，即交换律、结合律、分配律，但是向量线性运算结果为向量，实数的加减法运算结果为实数。

第三，向量的数量积运算与实数的乘法运算虽然在运算过程中均满足运算律，即交换律、分配律，且运算结果均为实数，但实数的乘法运算满足消去律，向量的数量积运算则不满足。

第四，在实数运算中，若 $a\neq 0$，且 $ab=0$，则 $b=0$。但在向量运算中，若 $\vec{a}\neq 0$，且 $\vec{a}\vec{b}=0$，则有两种情况：$\vec{b}=\vec{0}$ 或 $\vec{a}\perp\vec{b}$。

案例 3.5 用向量方法研究距离问题

《普通高中数学课程标准》(2017 年版)在“几何与代数”内容的阐述中强调：“通过几何图形建立直观，通过代数公式表达规律。”距离问题是培养学生直观想象、逻辑推理和数学运算素养很好的载体。在基础教育阶段涉及的距离问题主要有两点间的距离、点到直线的距离、平行线之间的距离、点到平面的距离、直线到平面的距离、平行平面之间的距离、异面直线之间的距离。计算距离既可以用综合几何方法，也可以用解析几何方法，还可以用向量方法。

阅读案例，并回答问题。

教学案例 1：梳理计算平面上点到直线距离的几种方法。

① 综合几何方法。给定过点 A，C 的直线 l，B 为直线 l 外一点，求点 B 到直线 l 的距

离。因为过点 A,B,C 可以得到一个平面，而 ABC 为该平面上的三角形，因此求距离就等价于求三角形的高。基本解题思路是：用余弦定理确定 $\angle A$，再用 $\angle A$ 的正弦值求出 AC 边上的高，即为所求距离。

② 解析几何方法。建立平面直角坐标系，确定点 B 的坐标和过点 A,C 的直线 l 的方程，然后求点 B 到直线 l 的距离。基本解题思路是：求与直线 l 垂直的直线的斜率，再求过点 B 并垂直于直线 l 的直线的点斜式方程，最后求这两条相互垂直直线的交点。交点与点 B 的距离就是点 B 到直线 l 的距离。

③ 向量方法：建立平面直角坐标系，确定点 B 的坐标和过点 A,C 的直线 l 的法向量，求点 B 到直线 l 的距离。基本解题思路是：求向量 $\overrightarrow{AB}$ 在法向量上的投影向量，投影向量的长度就是所求的距离。

教学案例 2：比较求点到平面距离和求两条异面直线距离的向量方法。

① 点到平面距离。用向量方法求点 B 到平面距离的基本思路：确定平面法向量，在平面内取一点 A，求向量 $\overrightarrow{AB}$ 在法向量上的投影向量，投影向量的长度即为所求的距离。

② 两条异面直线距离。用向量方法求异面直线距离的基本思路：求出与两条直线的方向向量都垂直的法向量；在两条直线上分别取点 A 和点 B，求向量 $\overrightarrow{AB}$ 在法向量上的投影向量，投影向量的长度即为所求的距离。

问题：

对于上述两个教学案例，分别可以归纳出怎样的结论？请提炼用向量方法解决距离问题的通性通法。

解析：

教学案例 1 通过比较计算平面上点到直线距离的三种方法，可以归纳出“垂直反映了距离的本质”的结论。垂直意味着线段长度最短，借助勾股定理可以直观、准确地揭示这一本质，两点间距离公式及向量投影都可以看作是勾股定理的应用。这种教学案例可以让学生在比较的过程中分析不同方法的共性与差异，进而发现解决问题的关键。

教学案例 2 中用向量方法来求解点到平面距离和两条异面直线距离，无论是对于平面还是直线，可以归纳出“法向量是反映垂直方向的最为直观的表达形式”的结论。法向量的方向和法向量上投影向量的长度既体现了几何的直观特性，又提供了代数的定量刻画。在这个过程中，向量与起点无关的自由性为求距离带来很大的便利。

归纳用向量求解上述距离问题的方法，可以得到以下通性通法：

第一步，确定法向量；

第二步，选择参考向量；

第三步，确定参考向量在法向量上的投影向量；

第四步，求投影向量的长度。

案例 3.6　复数的发展史

阅读案例，并回答问题。

在进行复数教学时，某教师通过介绍复数发展史展开教学，具体内容如下。

在古希腊学者丢番图时代，人们已经知道一元二次方程有两个根，但当其中有一个根为虚数时，人们宁可认为方程不可解。直到16世纪，人们普遍认同丢番图的办法。

虽然复数问题是由一元二次方程的解所引发的，但迫使人们认真对待复数却是因为求解一元三次方程。意大利数学家卡尔丹在1545年出版的著作《重要的艺术》中，全面介绍了求解一元三次方程的代数方法，他将一元三次方程分为13种类型并分别进行讨论，最终给出13种求解公式。在公式中出现了十分尴尬的情况：即使一元三次方程的三个根都是实根，但在用公式求解时也会出现虚数。例如，对于方程 $16+x^2+x^3=24x$（这是当时人们表示方程的方法），容易验证 $x=4$ 是方程的一个根，于是这个方程就等价于 $(x-4)(x^2+5x-4)=0$，检验其中的一元二次方程可知，其余两个根也是实数，因此方程的三个根是实根。但是，直接用卡尔丹求解一元三次方程的公式来计算时，过程中却会出现虚数，那么，这样的方程是有解还是无解呢？

虚数(imaginary number)这个名称是法国哲学家、数学家笛卡儿给出的，写在1637年出版的《几何学》中。欧拉在1777年提交给圣彼得堡科学院的论文中，第一次使用了i这个符号来表示虚数，但这篇论文直到1794年才得以发表。

1797年，丹麦测量学家韦塞尔在丹麦皇家科学院宣读了一篇关于复数的论文，文中引入了虚轴，并把复数表示为平面向量。但直到100年后的1897年，韦塞尔的用丹麦文撰写的论文被翻译为法文后，复数几何表示的工作才引起数学界的广泛重视。瑞士数学家阿尔冈把复数对应的向量长度称为模，将其写在1806年出版的著作《试论几何作图中虚量的表示法》中，他还进一步利用三角函数来表示复数。直到数学家给出复数的几何表示，人们才真正感觉到了复数的存在，才真正地接受了复数。

现在，复数已经被广泛应用于流体力学、信号分析等学科，它不仅对数学本身的发展有着极其重要的意义，而且对其他学科的发展也有着重要作用。

问题：

(1) 请分析该教师通过介绍复数发展史展开教学的设计意图。

(2) 请结合复数发展史内容，谈谈将数学史融入数学教学的重要意义。

解析：

(1) 普通高中数学课程目标之一为获得必要的数学基础知识和基本技能，理解基本的数学概念、数学结论的本质，了解概念、结论等产生的背景、应用，体会数学概念是学生认知的基础，是学生开展思维活动的重要载体。该教师根据复数的发展史对教学内容重新设计和加工，以复数的发展史为指引，以复数产生过程中的重要人物发现经历为主线贯穿教学过程，从而引导学生沿着历史的足迹逐步揭开复数产生的真相，充分揭示了复数概念产生、发展的全过程，使学生体会到复数的意义和重要作用，更好地理解复数概念。

(2) 在数学史上，虚数及复数概念的引入经历了一个曲折的过程，其中充满着数学家的想象力、创造力和不屈不挠、精益求精的精神。由此，在复数概念的教学中，教师可以适当介绍历史发生发展过程，这样做一方面可以让学生感受数学的文化和精神，另一方面也有助于学生理解复数的概念和意义。

将数学史融入中小学的数学教学是数学教育领域的一个重要课题。通过数学概念和思想方法的历史发生发展过程，一方面可以使学生感受丰富多彩的数学文化，激发其对数学学习的兴趣，另一方面也有助于学生更好地理解数学概念和思想方法。数学史在数学课堂中的融入方式可以是多种多样的，相关的网络资源也十分丰富，教师应根据教学的需要选择合适的资料和教学方式。

案例 3.7　复数概念的引入(2017 年下)

阅读案例，并回答问题。

下面是两位教师引入复数概念时的教学片段。

师 1：为了解决 $x^2-2=0$ 在有理数集中无解，以及单位正方形对角线的度量等问题，我们在初中数学的学习中就接触了实数的概念，把有理数集扩充到了实数集。

那么，$x^2+1=0$ 在实数集中有解吗？类比初中的做法，我们又该如何做呢？看来我们又需要扩充数系了。

数学家引入了 i，使 i 是方程 $x^2+1=0$ 的一个根，即令 $i^2=-1$，把这个新数 i 添加到数集中去，就会得到一个新的数集，记作 A，那么方程 $x^2+1=0$ 在 A 中就有解 $x=i$ 了。这样我们就引入了一个新数。

师 2：16 世纪时，意大利数学家卡尔丹在解决“求两个数，使其和为 10，积为 40”时，认为这两个数是“$5+\sqrt{-15}$”和“$5-\sqrt{-15}$”，这是因为：

$$(5+\sqrt{-15})+(5-\sqrt{-15})=10,$$

$$(5+\sqrt{-15})\times(5-\sqrt{-15})=40。$$

看来 $\sqrt{-15}$ 也是一个存在的数，从而 $\sqrt{-1}$ 是一个存在的数。数学家将 $\sqrt{-1}$ 记为 i，从而 $\sqrt{-15}=\sqrt{15}\,i$。

这样我们就引入了一个新数。

……

这节课我们学习了复数的表达形式 $a+bi\ (a,b\in\mathbf{R})$。当然，复数还有其他表示方法，在后续的学习中我们会接触到。

问题：

(1) 针对以上两个教学片段，分析两位教师在教学引入时各自的特点。

(2) 复数还有三角表示法，请简述复数三角表示法的意义。

解析：

(1) 教师 1 对教学引入的设计思路是温故知新，带着学生回忆初中在已知数系中遇到解决不了的问题时，处理方法是引入新数来扩充数集。类比得出高中遇到实数范围内解决不了的问题时，也应该想到引入新数的方法来扩充数集，并解决问题，进而引入新课。这样做能够让学生通过复习旧知识来获得解决问题的方法，对学生解决问题的能力有一定的提高。但该教师的设计方案缺乏趣味性。

教师 2 采用数学史导入新课。这种导入既丰富了教材中的素材，又丰富了教学内容，同时激发了学生兴趣，调动了学生学习复数的积极性，引发了学生的数学思考。这样做能使学生认识数学、理解数学，最终学好数学，体会到数学来源于生活并应用于生活，有利于激活学生的思维，使学习变成一个生动活泼的、主动的和富有个性的过程。

(2) 将复数的代数形式 $z=a+bi(a,b\in\mathbf{R})$ 表示成 $z=r(\cos\theta+i\sin\theta)$ 的形式叫作复数的三角表示法,其中 $|z|=r$,θ 为复数 z 的辐角。引进复数三角表示法的依据是复数的几何意义和三角函数的定义。

引入复数三角表示法的一个重要原因在于,相对于代数形式来说,用三角形式进行复数的乘除法、乘方、开方运算更加简单。例如,两复数相乘等于它们的模相乘而辐角相加,即

$$\begin{aligned} z_1z_2 &= [r_1(\cos\theta_1+i\sin\theta_1)]\cdot[r_2(\cos\theta_2+i\sin\theta_2)] \\ &= r_1r_2[\cos(\theta_1+\theta_2)+i\sin(\theta_1+\theta_2)]。\end{aligned}$$

复数的三角表示法也为以后引入欧拉定理,以及统一指数和三角函数等更加深奥的知识做好了理论铺垫。

案例 3.8　椭圆的定义

阅读案例,并回答问题。

下面是一位教师在讲授椭圆定义时的教学片段。

师:同学们,说一说你在生活中哪些地方见过椭圆。

(生举例,略)

教师放投影,列举生活中的椭圆。

师生共同用准备好的材料手工操作演示椭圆的形成:取一条定长的细绳,把它的两端固定在画图板上同一定点,用铅笔拉紧绳子,移动笔尖画出的轨迹是圆。再将这条细绳的两端固定在画图板上的 F_1,F_2 两定点,当绳长大于两点间的距离时,用铅笔把绳子拉紧,使笔尖在图板上慢慢移动,就可以画出一个椭圆,随后利用多媒体动画呈现。

师:通过刚刚的演示,我们可以看到,绳长是一定的,所以我们可以得出椭圆的定义:平面内与两个定点 F_1,F_2 的距离之和等于常数 $2a$ 的点的轨迹叫作椭圆,这两个定点叫作椭圆的焦点,两个焦点间的距离叫作椭圆的焦距。

问题:

请对上述教学过程进行评析。

解析:

在对椭圆定义的讲授中,该教师遵循了从生动直观到抽象概括的教学原则和教学途径。通过引导学生亲自动手画图、尝试发现椭圆的形成过程,进而归纳出椭圆的定义,培养学生观察、辨析、归纳问题的能力;让椭圆生动灵活地呈现在学生面前,更有助于学生理解椭圆的内涵和外延。

通过画图给学生提供一个动手操作、合作学习的机会,调动了学生学习的积极性。多媒体演示向学生说明椭圆的具体画法,更加直观形象。

但是,在归纳椭圆定义时,该教师没有让学生来进行归纳总结,违背了以学生为主体、教师为主导的思想,应该让学生亲自参与到归纳总结的过程中来。

案例 3.9　椭圆标准方程的求解

阅读案例，并回答问题。

下面是某位教师在讲授求解椭圆标准方程时的教学片段。

环节一：教师给出如下例题。

已知椭圆 C 的左焦点 $F_1(-1,0)$，且点 $P\left(1,\frac{3}{2}\right)$ 在椭圆 C 上，求椭圆 C 的标准方程。

教师给学生大约 30 秒的时间来思考，教师站在讲台上观察。

环节二：教师请学生 1 站起来口述解题过程，同时板书解题过程，并及时纠正其中的错误。

解：设椭圆方程为$\frac{x^2}{a^2}+\frac{y^2}{b^2}=1$，则

$$\frac{1}{a^2}+\frac{9}{4b^2}=1。$$

又 $c=1$，即 $a^2-b^2=1$，

解得 $a=2,b^2=3$，

故椭圆标准方程为

$$\frac{x^2}{4}+\frac{y^2}{3}=1。$$

环节三：教师请学生 2 站起来口述解题过程，同时板书解题过程，并及时纠正其中的错误。

解：由已知可知

$$2a=PF_1+PF_2=\sqrt{4+\frac{9}{4}}+\sqrt{\frac{9}{4}}=\frac{5}{2}+\frac{3}{2}=4，$$

故 $a=2$。

又 $c=1$，

可得 $b^2=3$，

故椭圆标准方程为

$$\frac{x^2}{4}+\frac{y^2}{3}=1。$$

环节四：教师结合板书总结出求解椭圆方程的两种方法：待定系数法和定义法，并板书在黑板上。

环节五：学生做课堂练习，求与椭圆方程有相同焦点且过某点的椭圆标准方程。

通过观察学生的课堂练习情况，该教师发现一种现象：学生求解例题用哪种方法，做课堂练习时依然使用哪种方法，这说明该教学过程并没有促进学生对解题方法的优化。

问题：

(1) 这位教师有哪些做法符合教学规律？

(2) 你认为这位教师的教学过程在哪些方面有待改进?

解析:

(1) 该教学过程不仅包括得到了数学结果,还包括数学结果形成的过程和蕴含的数学思想方法。该教师较好地处理了直接经验与间接经验的关系。在此次教学活动中师生积极参与,交往互助,共同发展:学生通过独立思考,激发了学习的兴趣,建立了创造性思维,培养了良好的学习习惯,掌握了恰当的学习方法;教师在学生给出结果后给予纠正,帮助学生获得正确的知识,掌握一题多解的方法。

(2) 该教师在此次教学过程中没有让学生自己总结得出结论,没有起到教师是学生学习的合作者、组织者和引导者的作用。板书总结过程缺少学生的积极参与,在学生学习数学内容的过程中,教师并没有给学生足够的时间和空间经历观察、实验、猜测、计算、推理、验证等活动过程。教师应该注重启发式教学和因材施教,应当处理好教师教与学生自主学习的关系,引导学生独立思考、主动探索、合作交流,使学生掌握基本的数学知识技能、数学思想和方法,获得基本的数学活动经验。

案例 3.10 双曲线方程的求解

阅读案例,并回答问题。

下面是某两位学生在做一道题目时的解题过程。

题目:双曲线的右准线为 $x=4$,右焦点 $F(10,0)$,离心率 $e=2$,求双曲线方程。

生 1:由已知可知

$$x=\frac{a^2}{c}=4, c=10,$$

故 $a^2=40$,

所以 $b^2=c^2-a^2=60$。

故所求的双曲线方程为

$$\frac{x^2}{40}-\frac{y^2}{60}=1。$$

生 2:由焦点 $F(10,0)$ 知 $c=10$,$e=\frac{c}{a}=2$,

故 $a=5$,

所以 $b^2=c^2-a^2=75$。

故所求的双曲线方程为

$$\frac{x^2}{25}-\frac{y^2}{75}=1。$$

问题:

(1) 指出两位学生解题过程的错误之处,并分析出现错误的原因。

(2) 写出该题的正确解法。

解析：

(1) 这两位学生的错误之处都是误以为双曲线的中心在原点，而题目中并没有给出双曲线中心在原点这个条件，从而出现了解题错误。

出现错误的原因是，学生对双曲线的标准方程产生惯性思维，审题不认真，从而进入了思维误区。随意增加、遗漏题设条件，都会导致解题错误。

(2) 该题的正确解法如下。

解法一：设 $P(x,y)$ 为双曲线上任意一点，因为双曲线的右准线为 $x=4$，右焦点 $F(10,0)$，离心率 $e=2$，由双曲线的定义知

$$\frac{\sqrt{(x-10)^2+y^2}}{|x-4|}=2,$$

整理得

$$\frac{(x-2)^2}{16}-\frac{y^2}{48}=1。$$

解法二：依题意，设双曲线的中心为 $(m,0)$，则

$$\begin{cases}\dfrac{a^2}{c}+m=4,\\ c+m=10,\\ \dfrac{c}{a}=2,\end{cases}$$

解得 $\begin{cases}a=4,\\ c=8,\\ m=2,\end{cases}$

所以 $b^2=c^2-a^2=64-16=48$，

故所求双曲线方程为

$$\frac{(x-2)^2}{16}-\frac{y^2}{48}=1。$$

案例 3.11　与抛物线相关的问题

阅读案例，并回答问题。

下面是某位学生在做一道题目时的解题过程。

题目：求过点(0,1)的直线，使它与抛物线 $y^2=2x$ 仅有一个公共点。

解：设所求的过点(0,1)的直线为 $y=kx+1$，则它与抛物线的公共点为 $\begin{cases}y=kx+1\\ y^2=2x\end{cases}$，

消去 y 得

$$(kx+1)^2-2x=0,$$

整理得

$$k^2x^2+(2k-2)x+1=0。$$

由于直线与抛物线仅有一个公共点，

可知 $\Delta=0$，解得 $k=\frac{1}{2}$，

故所求直线为 $y=\frac{1}{2}x+1$。

问题：

(1) 指出该学生解题过程的错误之处，并分析出现错误的原因。

(2) 给出你的正确解答。

(3) 该案例的解题过程对于你以后的教学有哪些启示？

解析：

(1) 该解题过程共有三处错误。

第一，设所求直线为 $y=kx+1$ 时，没有考虑直线斜率不存在的情形。出现该错误的原因是对直线的点斜式方程理解不够透彻，以为点斜式方程可以表示所有直线。

第二，题目要求直线与抛物线只有一个公共点，它包含相交和相切两种情况，而上述解法没有考虑相交的情况，只考虑了相切的情况。出现该错误的原因是对直线与抛物线的位置关系这个知识点理解不够透彻。

第三，将直线方程和抛物线方程联立得到一个一元二次方程后，直接用判别式解题，没有考虑 k 为 0 的情况。出现该错误的原因是对一元二次方程形式不熟悉，没有注意到二次项系数为零时，方程不是一元二次方程，不能用二次方程相关知识解题，需要对 k 为 0 和不为 0 两种情况进行讨论。

这三处错误，都体现出学生对基本概念的特征理解不明确。

(2) 解：分直线斜率不存在、斜率为 0、斜率存在且不为 0 三种情况讨论。

当所求直线斜率不存在时，即直线垂直于 x 轴时，因为直线过点 $(0,1)$，所以方程为 $x=0$，即 y 轴，它正好与抛物线 $y^2=2x$ 相切，满足条件。

当所求直线斜率为 0 时，直线为 $y=1$，平行于 x 轴，恰好与抛物线 $y^2=2x$ 相交，并且只有一个交点。

当直线斜率存在且不为 0 时，设所求的过点 $(0,1)$ 的直线为 $y=kx+1(k\neq0)$，则

$$\begin{cases} y=kx+1, \\ y^2=2x, \end{cases}$$

即

$$k^2x^2+(2k-2)x+1=0。$$

令 $\Delta=0$，解得 $k=\frac{1}{2}$，即直线为 $y=\frac{1}{2}x+1$，

故所求直线为 $x=0$，$y=1$，$y=\frac{1}{2}x+1$。

(3) 该解题过程对我以后的教学启示是要提醒学生注意：① 要彻底理解透所学知识点；② 对于一些习题的解答，要进行分类讨论；③ 在问题的转化过程中，要注意转化的等价性；④ 解题时思考要全面，不要遗漏特殊情况，致使解答不完全、思维不严密。

案例 3.12　异面直线(2018 年上)

阅读案例,并回答问题。

下面是某位教师在讲授异面直线时的教学片断。

师：通过前面的学习,我们已经得到了异面直线的概念,即不在同一平面内的两条直线叫作异面直线。为了进一步理解这一概念,请同学们回答下面问题。

如图 3.3 所示,在长方体的棱所在的直线中,与线段 $A'B$ 所在直线成异面直线的有几条?

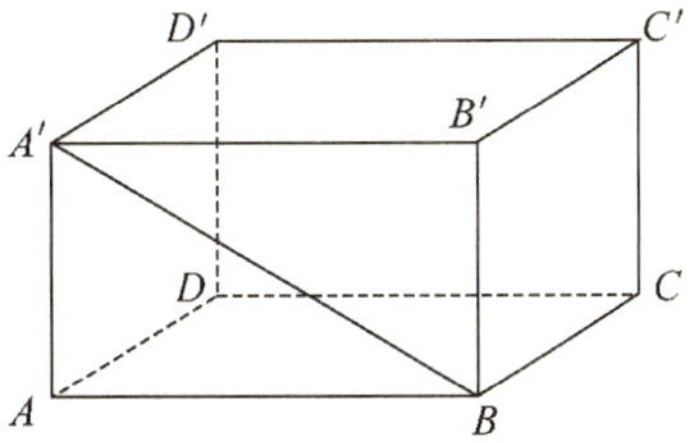

图 3.3　长方体

对于这个问题,甲、乙两位学生举手回答,学生甲回答 5 条,学生乙回答 6 条。教师只肯定了学生乙的答案后,就要求学生们做另一组题目。

问题：

(1) 针对该教师的教学处理,谈谈你的看法。

(2) 假如你是这位教师,教学中应如何处理学生甲这种“找不全”的现象?

解析：

(1) 我认为这位教师的教学处理有欠妥当。首先,教学活动是师生积极参与、交往互动、共同发展的过程。教师在提问了两位学生得到答案后就进行了后续的学习,没有考虑到全体学生的情况,未做到针对学生的个体差异性进行教学,不利于学生自尊心和自信心的发展。其次,在学生回答后,教师只给出了结果性评价,没有关注过程性评价,这不利于激发学生的学习兴趣。再次,针对两个答案,教师没有引导学生思考第一个答案为什么错误,而另外一个答案又为什么正确,没有很好地展现教师作为学生学习的组织者、引导者及合作者的角色。最后,在出现错误后,教师缺少对错误的总结及对错误原因的分析,不利于学生形成良好的学习习惯。

(2) 这种“找不全”情况,肯定不单单出现在学生甲一个人身上,可能很多学生都会犯这样的错误。在解决这个问题之前,要先对为什么会出现这种情况有一个简单的思考。发生这种情况可能会有这样两个原因：① 学生甲对于异面的概念理解不清,导致找不全;② 学生甲的方法不得当,缺少条理性,从而导致遗漏。所以针对这两个原因,假如我是这位教师,我会采取以下方法。

首先,针对两人的回答都给予肯定;其次,提问其他同学,看一下他们是如何回答的;

再次，重新提问学生甲，询问他找到哪几条，又是如何找到的，针对他的思路，思考哪里存在不足并继续追问，要求他简单说一说异面直线的定义，由定义入手引导学生甲思考自己哪里出现了问题，继而完善答案；最后，提出问题，针对如何能够快速地找出异面直线，结合学生回答，共同总结一个条理清晰的方法。

案例 3.13　直线与平面垂直的判定

阅读案例，并回答问题。

下面是三位教师引入“直线与平面垂直的判定”的教学片段。

教师甲的引入如下。

师：同学们，空间直线与平面有哪几种位置关系？

学生说出直线与平面的三种位置关系。

师：我们已经研究过直线在平面内，直线与平面平行两种位置关系，今天我们就研究直线与平面相交的问题。在日常生活中，你见过哪些情景可以抽象成直线与平面相交？请举例说明。

生：日光灯的吊线与天花板相交，房子的柱子与天花板相交，插在碗里的筷子与平的碗底相交。

师：同学们想象力都很丰富，生活中确实有很多例子。例如，墙角与地面（图片展示），小区的建筑，竹竿与水平面，以及古诗中的自然景观“大漠孤烟直”。在直线与平面相交关系中，你认为哪种相交最特殊？

生：直线与平面垂直。

师：今天我们就研究这种关系。（板书课题）

教师乙的引入如下。

师：（用 PPT 呈现龙卷风图片）同学们看到这副壮丽的图片，再联想起“大漠孤烟直”的美景，能不能联想到立体几何中的一类位置关系？

生：线面垂直。

师：很好，那生活中有没有这样的例子？

生：看电视时，视线与画面垂直；电线杆与地面垂直。

师：这样的例子很多。例如，大桥的桥柱与水面垂直。正因为生活中有很多线与面是垂直关系，所以几何中有必要对此进行研究。这堂课我们就学习直线与平面垂直。（同时板书课题）

教师丙的引入如下。

师：前面我们研究了直线与平面平行的判定与性质，今天我们要研究直线与平面的其他位置关系。（展示天安门广场上的国旗与旗杆）先请大家看一幅图：天安门广场上的红旗迎风飘扬。（展示武汉长江大桥）再看另一幅图：一桥飞架南北，天堑变通途。请同学们观察图片，说出旗杆与地面、大桥的桥柱与水平面是什么位置关系。

生：垂直。

师：从数学的角度看，是什么与什么垂直？

生：线与面。

师：大家还能举出一些类似的例子吗？请大家想一想。（同时出示课题）

生 1：车箱的边缘与地面。

生 2：立竿见影，竿与地面垂直。

教师又展示跨栏、跳高架的图片，说明跨栏的支架与地面、跳高架立竿与地面是垂直关系。

师：请大家参照旗杆与地面这种关系，画出相应的几何图形。

学生画图，教师在黑板上画图。

师：我为什么要画成这样呢？为什么要将直线画得与表示平面的平行四边形的一边垂直？因为这样画出的图直观性非常强。

师：接着前面的内容，下面我们要学习直线与平面垂直的定义、判定与性质。

问题：

（1）三位教师的引入方式各有什么特点？

（2）你是如何看待课题引入的？

解析：

（1）三位教师的引入方式各有特色。

教师甲在直线与平面位置关系的教学中，以“在直线与平面相交关系中，你认为哪种相交最特殊？”引出课题，并伴以学生的举例、想象和语言叙述。这一引入方式的特点是：注意知识与系统的联系，强调学生生活经验的作用，这样容易唤起在“直线与平面平行”的学习中形成的经验，从而明确“研究什么”和“怎样研究”，提高学生学习的自觉性。

教师乙利用一张生活图片提出“能不能联想到在立体几何中的一类位置关系”，由于“诱导”过分明显，学生不假思索地齐声回答“线面垂直”。虽然后面师生分别举例，但课题引入任务由这一句话已经完成。这一引入方式虽然有单刀直入、开门见山的特点，但学生对看图片的意图、当前学习内容，以及已有知识与方法的联系与借鉴等都很难觉察到。另外，“线面垂直”的说法不好，至少提出得太早。

另外，甲、乙两位老师用的“大漠孤烟直”的情景不能很好地反映当前学习内容的本质，不是一个好情景。

教师丙的引导语“前面我们研究了直线与平面平行的判定与性质，今天我们要研究直线与平面的其他位置关系”以及展示图片，目的都是直指“要研究直线与平面垂直”。这样引入也有些太快，学生对于“要学什么”“为什么要学”和“如何学”等的感知都不充分，要学的内容与已有经验的衔接不够自然。

（2）良好的开端是成功的一半，课题引入是课堂教学的重要一环。教师在教学设计中，应当重点考虑如何利用旧知识的联系与发展以及学生相关的生活经验来创设问题情境，自然而亲切地引出学习内容，以及如何在课题引入中融入“学什么、为什么学、怎么学”的内容。

案例3.14　两点间的距离

阅读案例，并回答问题。

以下为两位教师讲授两点间距离时的两个教学片段。

教学片段1：在数轴上，对坐标分别为 x_1 和 x_2 的两点 A 和 B，用绝对值定义两点间的距离，表示为

$$d(A,B)=|x_1-x_2|。$$

回答下面的问题。

问题1：在数轴上任意取三点 A,B,C，证明

$$d(A,B)\leqslant d(A,C)+d(B,C)。$$

问题2：设 A 和 B 两点的坐标分别为 -3 和 2，找出满足 $d(A,B)=d(A,C)+d(B,C)$ 的点 C 的范围，再找出满足 $d(A,B)<d(A,C)+d(B,C)$ 的点 C 的范围。

教学片段2：城市的许多街道是相互垂直或平行的，因此，往往不能沿直线行走到达目的地，只能按直角拐弯的方式行走。如果按照街道的方向建立平面直角坐标系，对两点 $A(x_1,y_1)$ 和 $B(x_2,y_2)$，类比"教学片段1"中的方式定义两点间距离为

$$d(A,B)=|x_1-x_2|+|y_1-y_2|。$$

回答下面的问题。

问题1：在平面直角坐标系中任意取三点 A,B,C，证明

$$d(A,B)\leqslant d(A,C)+d(B,C)。$$

问题2：设 A 和 B 两点坐标分别为 (x_1,y_1) 和 (x_2,y_2)，找出满足 $d(A,B)=d(A,C)+d(B,C)$ 的点 C 的范围，再找出满足 $d(A,B)< d(A,C)+ d(B,C)$ 的点 C 的范围。

问题：

(1) 以上两个教学片段分别采用了哪种教学方法？

(2) 以上两个教学片段分别体现出教师对于学生哪些核心素养的关注？怎样评价学生核心素养的达成情况？

解析：

(1) 教学片断1采用了开门见山的方式，直接创设数学问题，利用归纳、类比的方式讨论数轴上两点间距离及其应用，难度较小；教学片断2采用了创设现实问题情境的方式，引出学习内容，并利用类比的方式讨论平面直角坐标系中三点的距离关系，难度相对较大。

(2) 体现了教师对学生数学抽象、逻辑推理、直观想象和数学运算这些核心素养的关注。

对于教学片段1中的问题，给出问题1或问题2的证明，就可以认为学生达到数学抽象、逻辑推理、直观想象和数学运算素养水平一的要求。

对于教学片段2中的问题，关键点是通过理解特殊的"两点间距离"定义，考查学生的直观想象和数学抽象素养。对于问题1，如果学生能够对平面上固定的三点 A,B,C，证明 $d(A,B)\leqslant d(A,C)+d(B,C)$，可以认为学生达到数学抽象、逻辑推理、直观想象和

数学运算素养水平一的要求；进一步地，如果学生对任意的三点 A,B,C 得到该结果，可以认为达到相应素养水平二的要求。对于问题 2，只要学生画出基本符合要求的图形，就可以认为达到相应素养水平二的要求；进一步地，如果学生还能给出清晰的证明，可以适当加分。

案例 3.15　空间中的线面平行

本案例以空间中的线面平行关系为知识载体，以探索作图的可能性为教学任务，依托判断、说理等数学思维活动，说明逻辑推理素养水平一、水平二的表现，体会满意原则和加分原则。

阅读案例，并回答问题。

某教师在进行直线与平面位置关系的教学时，给学生布置了如下一道练习题。

题目：如图 3.4 所示，在四棱锥 $P\text{-}ABCD$ 的底面 $ABCD$ 中，$AB \parallel DC$。回答下面的问题。

问题 1：在侧面 PAB 内能否作一条直线使其与 DC 平行？如果能，请写出作图过程并给出证明；如果不能，请说明理由。

问题 2：在侧面 PBC 中能否作一条直线使其与 AD 平行？如果能，请写出作图过程并给出证明；如果不能，请说明理由。

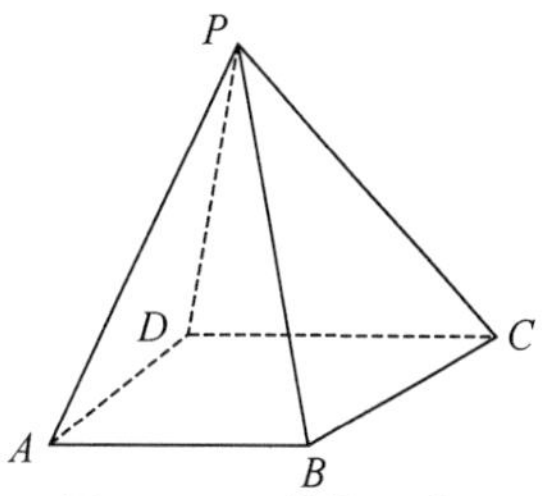

图 3.4　四棱锥示意图

问题：

结合以上教学问题，请说明如何考查学生逻辑推理等素养达成的综合情况。

解析：

关于问题 1，答案是能作出平行线。具体作法是，在侧面 PAB 内作 AB 的平行线；因为 AB 与 DC 平行，依据平行公理，这条平行线也必然平行于 DC。

完成这个过程，说明学生知道在平面内作与平面外直线平行的直线，需要寻求平面外直线与这个平面之间的关联，依据满意原则，可以认为达到逻辑推理素养水平一的要求。

关于问题 2，需要分情况判断。如果 AD 与 BC 平行，可以参照问题 1 的方法作出平行线。如果 AD 与 BC 不平行，则不能作出平行线。用反证法进行说理如下：假设侧面 PBC 内存直线与 AD 平行，可推证 AD 与侧面 PBC 平行，进一步可推证 AD 与 BC 平行，这与条件矛盾。

完成这个过程，说明学生能够理解直线与平面平行的相关定理及定理之间的逻辑关系，依据满意原则，可以认为达到逻辑推理素养水平二的要求。

直线与直线、直线与平面、平面与平面的平行和垂直等位置关系是高中立体几何内容的重点，也是教学的难点。设计开放性问题，可让学生在运用与平行和垂直相关的定理进行判断、说理的活动过程中，提升逻辑推理素养；通过这样的活动也可以对学生达到的相应素养水平进行评价。

案例 3.16　四边形的面积问题

阅读案例，并回答问题。

师：我现在手中有一段长为 $2L$ 的铁丝，我可以利用它围成任意的封闭曲线，保证周长为 $2L$。当围成的封闭曲线为平行四边形时，我用直径为 L 的圆形纸片，能否完全覆盖该平行四边形呢？

（学生开始思考，讨论）

生 1：老师，完全覆盖是什么意思？

师：这位同学提出的问题很好！有同学能帮助他解答这个问题吗？

生 2：就是平行四边形在圆内。

师：大家同意他的回答吗？

有的学生同意，有的学生不同意。

师：数学在生活中无处不在，很多生活问题都可以转化为数学问题。这样一个问题，我们也可以用数学问题对它进行解答。周长为 $2L$ 的平行四边形能否被直径为 L 的圆完全覆盖，可以理解为周长为 $2L$ 的平行四边形内包含的点能否都在直径为 L 的圆内。按照这样的思路，大家能将这个问题转换为数学问题吗？

（学生思考，讨论）

生 3：周长为 $2L$ 的平行四边形内的点到圆的距离小于半径。

师：他的回答正确吗？谁能补充？

生 4：到圆心的距离小于半径。

师：很好！大家表现得非常好！

师：那么，请大家再思考一个问题，当封闭曲线是四边形时，哪种四边形的面积最大呢？

（学生讨论）

生 2：正方形。

生 3：菱形。

师：你们各自的理由是什么？能否给出证明？

问题：

（1）结合以上教学片段，分析该教学案例中考查了学生的哪些核心素养？能否根据学生的作答评价学生核心素养达成的综合情况？

（2）对于教师提出的最后一个问题，可以采用怎样的教学方式引导学生思考？并请利用加分原则与满意原则分析学生核心素养达成的综合情况。

解析：

（1）虽然该教学片段中所涉及的知识不难，但由于封闭曲线是动态的、问题是开放的，因此需要学生具备一定的数学抽象和逻辑推理素养，才可能抓住问题的本质。如果学生能够构建过渡性命题、完成概念的抽象过程，并且论证途径清晰、推理过程表述严谨，可以认为其达到逻辑推理素养水平三的要求。

首先，需要从生活语言到数学语言，表达清楚什么是完全覆盖。最初的生活语言可以是，周长为 $2L$ 的平行四边形包含的点都在直径为 L 的圆内，显然这个层面的表达是无法进行论证的。用数学语言可以表述为，周长为 $2L$ 的平行四边形内的任意一点到圆心的距离不大于$\frac{L}{2}$，可是，这样的表述又脱离了完全覆盖的背景。因此需要在表述中加上条件，如让平行四边形的对称中心与圆的圆心重合。教师可以鼓励学生回顾并表述上面的思维过程。如果学生能够完成前两个过程，根据满意原则，可以认为其达到数学抽象素养水平一的要求，如果学生能够完成三个过程，根据加分原则，可以认为其达到数学抽象素养水平二的要求。

如果学生能够得出可以完全覆盖的结论，但只是证明了平行四边形对角线的长度不大于 L，说明学生已经有了论证的思路，但还没有理解完全覆盖的几何本质，依据满意原则，可以认为其达到逻辑推理素养水平一的要求。

如果学生进一步证明平行四边形四个顶点到对称中心距离不大于圆的半径，但没有说明平行四边形内其他点的情况，说明学生理解了完全覆盖的几何本质，但证明过程还不够严谨，依据满意原则，可以认为其达到逻辑推理素养水平二的要求。

如果学生能够完整证明平行四边形上的点到对称中心距离不大于圆的半径，说明学生基本掌握了数学证明，依据加分原则，可以认为其达到逻辑推理素养水平三的要求。

(2) 可以启发学生，采用列举、筛选的方法考查各种形状的四边形，逐一排除面积较小的四边形，构建一个递进式的证明路径，如图 3.5 所示。

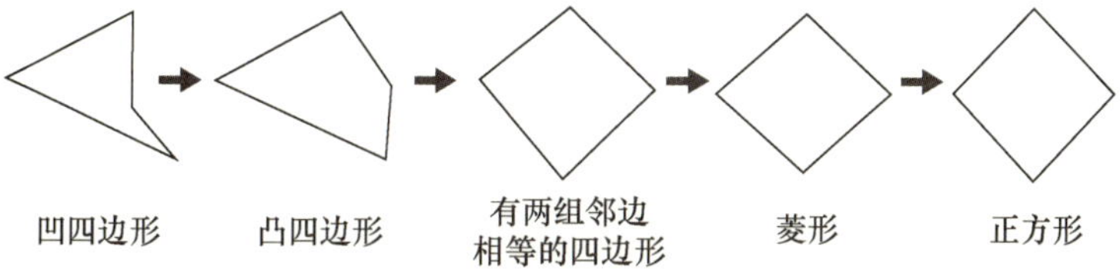

图 3.5 构建证明路径

如果学生能够独立完成上面的过程，说明其面对较复杂的新问题时，能够展开直观想象、创造性地构建证明路径，依据满意原则，可以认为其达到逻辑推理素养水平二的要求；如果学生能够进一步用数学语言严谨地论证所得到的结论，根据加分原则，可以认为其达到逻辑推理素养水平三的要求。

【本章小结】

本章主要列举了 16 个较为典型的几何与代数主题的教学案例，并进行了详细的案例诊断分析，以期帮助学生更好地理解几何与代数之间的关系，感悟数学知识之间的关联，加强对数学知识整体性的理解。本章的重点在于提升学生的直观想象、逻辑推理、数学运算和数学抽象等素养。

【本章要点回顾】

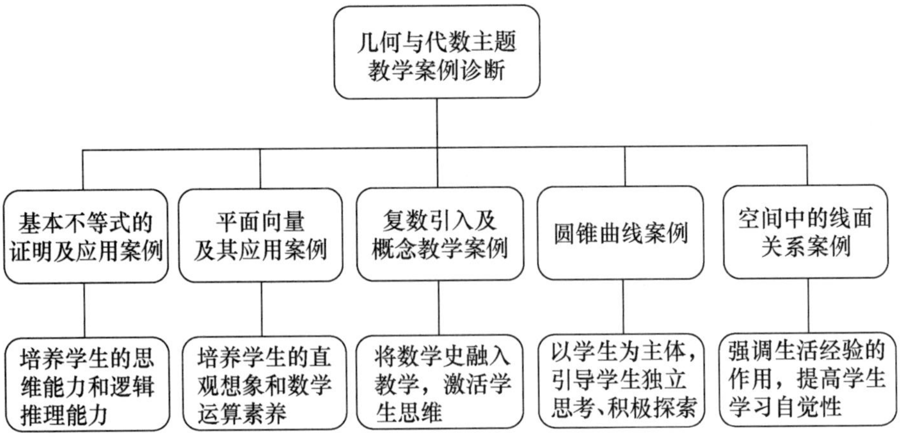
几何与代数主题教学案例诊断
基本不等式的证明及应用案例
平面向量及其应用案例
复数引入及概念教学案例
圆锥曲线案例
空间中的线面关系案例
培养学生的思维能力和逻辑推理能力
培养学生的直观想象和数学运算素养
将数学史融入教学，激活学生思维
以学生为主体，引导学生独立思考、积极探索
强调生活经验的作用，提高学生学习自觉性

第四章

概率与统计主题
教学案例诊断

☞ 学习目标

◎ 明确概率与统计在高中数学课程中的地位，知道如何进行教学应用。

◎ 通过日常生活中的实例了解随机事件的概率和意义。

◎ 通过对典型案例的处理，经历较为系统的数据处理全过程。

☞ 教学提示

在概率的教学中，教师应引导学生通过日常生活中的实例了解随机事件与概率的意义。在统计的教学中，教师应引导学生根据实际问题的需求，选择不同的抽样方法获取数据，理解数据蕴含的信息，依据数据分析的需求，选择适当的图表描述和表达数据，并从样本数据中提取需要的数字特征，估计总体的统计规律，解决相应的实际问题。教师可鼓励学生运用计算器、计算机进行模拟活动，处理数据，更好地体会概率的意义和统计思想。

☞ 学习导引

概率的研究对象是随机现象，为人们从不确定性的角度认识客观世界提供了重要的思维模式和解决问题的方法。统计的研究对象是数据，核心是数据分析。概率为统计的发展提供理论基础。本章根据《普通高中数学课程标准》(2017 年版)的要求，对概率与统计部分的一些经典案例进行诊断分析，主要包括概率相关问题教学、分层抽样、古典概型、正态分布等。

案例 4.1　互斥与对立事件

阅读案例，并回答问题。

某位教师在讲授互斥事件和对立事件后，为学生布置了一道练习题。

题目：从装有 2 个红球和 2 个白球的口袋内任取 2 个球，那么互斥而不对立的两个事件是什么？

师：哪位同学能回答一下这个问题？

生 1：我认为至少有 1 个白球与都是白球是互斥而不对立的两个事件。

师：还有其他答案吗？

生 2：我认为至少有 1 个白球与至少有 1 个红球。

生 3：他说的不对。应该是恰有 1 个白球与恰有 2 个白球。

师：(鼓励学生继续思考)还有其他的答案吗？

生 4：应该是至少有 1 个白球与都是红球。

师：同学们想一想，以上哪位同学说的是正确的呢？

某些同学赞同生 4 的答案，某些同学赞同生 3 的答案，意见不一致。

问题：

(1) 请说明 4 位学生的答案正确还是错误？并对错误的原因加以分析。

(2) 谈一谈教师在该部分的教学中需要强调哪些问题。

解析：

(1) 生 1 和生 2 答案中的事件不互斥，当然也不可能对立；生 3 答案中的事件互斥而不对立；生 4 答案中的事件不但互斥而且对立。所以正确答案应为生 3 所述。错误的原因在于把"互斥"与"对立"混同。

(2) 要正确回答这类问题，教师在该部分的教学中需要重点澄清对立事件与互斥事件的联系与区别，这两者的联系与区别主要体现在以下三个方面：

① 两个事件对立，必定互斥，但互斥未必对立；

② 互斥的概念适用于多个事件，但对立的概念只适用于两个事件；

③ 两个事件互斥只表明这两个事件不能同时发生，即至多只能发生其中一个，但可以都不发生，而两个事件对立则表示它们有且仅有一个发生。

案例 4.2　概率求解问题

阅读案例，并回答问题。

某位教师在讲授概率内容后，为学生布置了如下练习题。

题目 1：把 3 枚硬币一起掷出，求出现 2 枚硬币正面向上、1 枚硬币反面向上的概率。

题目 2：某种产品 100 件，其中有次品 5 件，现从中任抽取 6 件，求恰有 1 件次品的概率。

某位学生的解题过程如下。

题目 1：3 枚硬币一起掷出，所有可能结果有 $2\times2\times2=8$(种)，而出现两正一反是 1 种结果，故所求概率 $P=\frac{1}{8}$。

题目 2：由题意可知，这种产品的次品率为 5%，且每次抽取相互独立，由独立重复实验概率公式可得，6 件产品中恰有 1 件次品的概率为：$P=C_5^1\frac{5}{100}\left(1-\frac{5}{100}\right)^5=0.1934$。

问题：

(1) 指出该学生解题过程的错误之处，并分析错误产生的原因。

(2) 给出题目的正确答案。

(3) 如果你是该教师，如何帮助学生避免此类错误的出现。

解析：

(1) 习题 1：在所有的 8 种结果中，两正一反并不是 1 种结果，而是有 3 种结果，即：正、正、反，正、反、正，反、正、正。学生对等可能性事件的概念没有理解透彻，把上述 3 种结果看作 1 种结果并不是等可能性事件，应用求概率的基本公式 $P=\frac{m}{n}$ 自然就出现了错误。

习题2：该抽取过程不是独立重复实验，从100件产品中任抽6件，可看作抽了6次，每次抽1个，但每次抽到次品还是正品，直接影响到下一次抽到次品或正品的概率。具体地说，如果第一次抽出的是次品，那么次品就少了一个，第二次再抽到次品的概率就变了，这就是说各次实验之间并非独立的，应用独立重复实验概率公式自然就是错误的。

两道练习题出现错误的原因都在于对数学概念理解不透彻。

（2）正确解答如下。

习题1：所求概率为 $P=\frac{3}{8}$。

习题2：所求概率为 $P=\frac{C_5^1C_{95}^5}{C_{100}^6}=0.2430$。

（3）如果我是该教师，我会在教学中强调概念的准确含义。数学概念所反映的数学对象的属性，不是笼统的属性，而是数学对象的根本的、最重要的属性。每一个概念都有一定的外延与内涵。因此我会引导学生熟练地掌握概念，透彻地理解概念，准确地把握概念的外延与内涵。

案例 4.3　概率概念的正确理解

阅读案例，并回答问题。

在概率概念的教学中，某位教师提出如下两个问题让学生思考。

问题1：有人说，既然抛掷一枚硬币出现正面的概率为0.5，那么连续两次抛掷一枚质地均匀的硬币，一定是一次正面朝上、一次反面朝上，你认为这种想法正确吗？

问题2：如果某种彩票的中奖概率为1/1000，那么买1000张这种彩票一定能中奖吗？（假设该彩票有足够多的张数）

问题：

（1）分析在概率概念的教学中引入反例的作用。

（2）在教学中如何帮助学生澄清问题1中的错误认识？

（3）如果你是该教师，你会如何向学生讲解问题2？并指出产生这种错误认识的原因。

解析：

（1）在日常生活中，人们对概率常常有一些错误理解。在概念的理解过程中，反例对于概念的解析是特别有用的。通过剖析反例，可以促进学生对概念的正确理解。这两个反例就是通过澄清日常生活中遇到的一些错误认识，达到正确理解概率的目的。

（2）在教学中，教师可以先让学生自己发表意见，然后再引导学生归纳总结。具体可以从两个方面来帮助学生澄清这个错误认识：

① 让学生自己动手试验；

② 向学生解释，连续两次抛掷一枚质地均匀的硬币仅仅是做两次重复抛掷硬币的试验，每一次的试验结果都是随机的，当然可以两次均出现正面朝上或两次均出现反面朝

上的情况。

(3) 如果我是该教师，在教学中我会在学生发表看法后再进行归纳总结，最终从以下两方面讲解这个问题。

① 假设该彩票有足够多的张数，可以近似看成有放回抽样，通过编程模拟试验得到答案。试验内容为：同样大小的 9 个白色乒乓球和 1 个黄色乒乓球放在 1 个袋中，每次摸出 1 个球后再放回袋中，这样摸 10 次，观察是否一定至少有 1 次摸到黄球。学生们会认识到，每次摸出 1 个球后再放回袋中，那么每次摸到黄球的概率都是 0.1，但摸 10 次球，也不一定能摸到黄球。

② 解释每张彩票是否中奖是随机的，1000 张彩票有几张中奖当然也是随机的。

这种错误认识产生的原因是，有人把中奖概率 1/1000 理解为共有 1000 张彩票，其中有 1 张是中奖号码，然后看成无放回抽样，所以认为购买 1000 张彩票一定能中奖。而实际上彩票的总张数远远大于 1000。

案例 4.4　分层抽样问题

阅读案例，并回答问题。

在大数据时代，常常需要汇总分析来自不同层次的数据。例如，基于来自不同部门或不同时期数据的均值和方差，计算全部数据的均值和方差。在此部分的教学中，某位教师给出了下面的例子。

某学校有高中学生 500 人，其中男生 320 人，女生 180 人。某研究组希望获得全体高中学生身高的信息，于是按照分层抽样原则抽取了样本，通过计算得到男生身高样本均值为 173.50 cm，方差为 17.00，女生身高样本均值为 163.83 cm，方差为 30.03。

问题：

(1) 结合分层抽样内容的教学目的，谈谈快速、有效计算均值与方差方法的必要性。

(2) 根据以上信息，能够计算出所有数据的样本均值吗？为什么？

(3) 应当如何计算所有数据的样本均值和方差？

解析：

(1) 分层抽样这一内容的教学目的为：理解分层随机抽样的特点，了解分层随机抽样的应用，探索快速、有效计算分层抽样数据均值和方差的方法。

传统的统计方法需要把所有的数据收集到一起进行计算。但是，在大数据时代，不仅数据量非常庞大，而且要求能够非常迅速地提供数据结论，因此不可能把所有的数据都收集好以后再进行计算。因此能够快速、有效计算均值与方差的方法变得尤为重要。

(2) 假设所有样本身高的均值为 $\bar{x}$，根据男女生的分层方法和样本均值的定义，可以得到下面的关系式：

$$\bar{x}=\frac{\text{总样本和}}{\text{总样本量}}=\frac{\text{男生样本和}+\text{女生样本和}}{\text{男生样本量}+\text{女生样本量}}$$

$$=\frac{\text{男生样本量}\times\text{男生样本均值}+\text{女生样本量}\times\text{女生样本均值}}{\text{男生样本量}+\text{女生样本量}}$$

$$=\frac{\text{男生样本量}\times 173.50+\text{女生样本量}\times 163.83}{\text{男生样本量}+\text{女生样本量}}$$

$$=\frac{\text{男生样本量}}{\text{男生样本量}+\text{女生样本量}}\times 173.50+\frac{\text{女生样本量}}{\text{男生样本量}+\text{女生样本量}}\times 163.83$$

$$=\frac{\text{男生样本量}}{\text{总样本量}}\times 173.50+\frac{\text{女生样本量}}{\text{总样本量}}\times 163.83。$$

从上面的分析可以知道,仅仅依赖问题中提供的信息不能得到所有数据的样本均值,因为缺少男生样本量和女生样本量的数值。因此,在知道分层样本均值的基础上,还需要知道分层的样本量,或者知道男生样本量权重、女生样本量权重。

(3) 假设男生样本量为 32,女生样本量为 18。记男生样本为 $y_1,\cdots,y_{32}$,均值为 $\bar{y}_{男}$,方差为 $s_{男}^2$;记女生样本为 $z_1,\cdots,z_{18}$,均值为 $\bar{z}_{女}$,方差为 $s_{女}^2$;所有数据样本均值为 $\bar{x}_{总}$,方差为 $s_{总}^2$。样本总量为 50。

先求所有数据的样本均值。根据样本均值的定义可知

$$\bar{x}_{总}=\frac{y_1+y_2+\cdots+y_{32}+z_1+z_2+\cdots+z_{18}}{32+18},$$

虽然数据 $y_1,\cdots,y_{32}$ 和 $z_1,\cdots,z_{18}$ 是未知的,但在上面的计算中,只需样本数据之和,就可以通过样本均值和样本量的乘积得到,即

$$y_1+y_2+\cdots+y_{32}=32\bar{y}_{男},z_1+z_2+\cdots+z_{18}=18\bar{z}_{女},$$

所以

$$\bar{x}_{总}=\frac{y_1+y_2+\cdots+y_{32}+z_1+z_2+\cdots+z_{18}}{32+18}=\frac{32\bar{y}_{男}+18\bar{z}_{女}}{32+18}$$

$$=\frac{32\times 173.50+18\times 163.83}{50}\approx 170.02。$$

下面计算所有数据的样本方差,根据方差的定义:

$$s_{总}^2=\frac{1}{50}\left[\sum_{i=1}^{32}(y_i-\bar{x}_{总})^2+\sum_{i=1}^{18}(z_j-\bar{x}_{总})^2\right]。$$

于是

$$s_{总}^2=\frac{1}{50}\left\{\left[\sum_{i=1}^{32}(y_i-\bar{y}_{男})^2+\sum_{i=1}^{32}(\bar{y}_{男}-\bar{x}_{总})^2\right]+\left[\sum_{j=1}^{18}(z_j-\bar{z}_{女})^2+\sum_{j=1}^{18}(\bar{z}_{女}-\bar{x}_{总})^2\right]\right\}$$

$$=\frac{1}{50}\left\{\left[32s_{男}^2+32(\bar{y}_{男}-\bar{x}_{总})^2\right]+\left[18s_{女}^2+18(\bar{z}_{女}-\bar{x}_{总})^2\right]\right\}=43.24。$$

拓展:如果将总体分为 k 层,第 j 层抽取的样本为 $x_{j1},x_{j2},\cdots,x_{jn_j}$,那么第 j 层的样本量为 n_j,样本均值为 $\bar{x}_j$,样本方差为 $s_j^2(j=1,2,\cdots,k)$,记 $\sum\limits_{j=1}^{k}n_j=n$,所有数据的样本均值和方差为

$$\bar{x}=\frac{1}{n}\sum_{j=1}^{k}n_j\sum_{j=1}^{n_j}x_{jk}=\frac{1}{n}\sum_{j=1}^{k}(n_j\bar{x}_j),$$

$$s^2=\frac{1}{n}\sum_{j=1}^{k}\sum_{j=1}^{n_j}(x_{jk}-\bar{x})^2=\frac{1}{n}\sum_{j=1}^{k}n_j[s_j^2+(\bar{x}_j-\bar{x})^2]。$$

注意,无论总体是分为两层还是分为多层,计算方法没有实质性差异。但需要注意的是,当层次较多时数学符号的表达比较复杂,要充分考虑到学生的理解能力。

案例 4.5　古典概型问题

阅读案例，并回答问题。

某位教师在讲授古典概型内容时向学生列举了两个试验。

试验 1：向上抛掷一枚质地均匀的硬币，硬币落地时观察硬币朝上的一面有哪几种结果。

试验 2：有红心 1、2、3 和黑桃 4、5、6 这 6 张扑克牌，将其牌面向下置于桌上，现从中任意抽取一张，观察可能出现哪几种结果。

（部分学生轻声回答出结果）

师：这两个试验大家都很熟悉，这位同学，请你说下第一个试验的结果。

生 1：第一个试验有正面和反面两种结果。

师：非常好，共两种可能结果。（PPT 展示图片）

师：第二个试验的结果，请这位同学回答一下。

生 2：有红心 1、2、3，黑桃 4、5、6 六种结果。

师：好的，结果是这样。（PPT 展示图片）

师：像刚刚提到的，在一次试验中可能出现的每一个基本结果称为基本事件。知道了什么是基本事件以后，我们来思考，试验 1 和试验 2 中每一个基本结果出现的可能性是否相等？

生（小声齐答）：相等。

师：第一个试验中每个基本事件出现的可能性是多少？

生（齐答）：50%。

师：第二个试验中每个基本事件出现的可能性呢？这位同学说说看。

生 3：六分之一。

师：非常好！像这样在一次试验中，每个基本事件发生的可能性都相等，则称这些基本事件为等可能基本事件。

师：我们来回顾下刚刚我们接触到的概念。我们将一次试验中可能出现的每一个基本结果称为基本事件，如果这些基本事件发生的可能性又相同，则称这些基本事件为等可能基本事件。

师：下面让我们来比较试验 1 和试验 2，看看它们有什么共同特点。

生 4：基本事件出现的可能性相等。

师：很好，还有吗？

生 5：嗯……想不出来。

师：我们发现试验 1 基本事件有两个，试验 2 基本事件也是有限的。因此试验 1 和试验 2 的共同特点有：① 基本事件的个数是有限的；② 每个基本事件发生都是等可能性的。同时满足这两个条件的概率模型就称为古典概型。（PPT 展示古典概型的定义）

师：古典概型中基本事件只有有限个，称为基本事件的有限性；基本事件的发生都是等可能的，称为基本事件的等可能性。不是所有随机试验都满足这两个条件，只有同时满足两个条件的概率模型才能称之为古典概型。

师：古典概型在生活中也很常见，如猜拳游戏就是古典概型。我们今天将学习怎样计算这种概率模型的概率。(PPT 展示图片)

师：但在学习计算概率前我想看看同学们是否能识别古典概型。(PPT 展示含非古典概型的例子，并辨析)

问题：

(1) 分析以上案例，说明本节课的教学重点和难点。

(2) 分析该教师在教学中是如何突破教学重点的。

解析：

(1) 教学重点：古典概型概念的含义。教学难点：判断一个试验是否为古典概型，分清在一个古典概型中包含的基本事件的个数，理解基本事件等可能性。

(2) 古典概型的概念是一个强抽象概念。在古典概型的概念中，“基本事件”是一个学生没有学过的概念，因此首先要让学生了解概念。该教学设计中首先展示了学生熟悉的抛硬币和抽取扑克牌试验来让学生熟悉问题情境，观察可能出现的结果，接着 PPT 图片展示了试验可能出现的所有结果，最后给出基本事件的定义：“在一次试验中可能出现的每一个基本结果称为基本事件。”

古典概型概念超过了学生已有的概念层次，因此需要提供实例，由学生自己抽象形成概念。在理解古典概型概念时，理解基本事件等可能性是一个难点，因此在这一关键点的理解上该教师进行了重点设计。首先，让学生计算试验中每一个基本事件的概率，发现试验中基本事件的概率相等，给出等可能基本事件的概率。其次，归纳总结试验 1、2 的共同特征，形成古典概型的概念。再次，给出生活中古典概型的实例，将概念与生活联系起来。最后，进行概念辨析，给出反面的例子，使新概念更加稳固和清晰。

案例 4.6　样本点和样本空间

阅读案例，并回答问题。

在学习了概率内容后，某位教师为学生们布置了如下练习题。

题目：抛掷两枚骰子，求事件 A“出现的点数之和等于 7”的概率。

某学生的解答如下：

抛掷两枚骰子出现的点数之和的可能数值为$\{2,3,4,\cdots,12\}$，出现点数之和等于 7 的情况只有一种，故 $P(\mathrm{A})=1/11$。

问题：

(1) 指出该学生解题过程中的错误。

(2) 如果你是该教师，请设计几个逐层深入的问题来帮助学生避免出现此类错误，并详细解答。

解析：

(1) 该学生在解题过程中应用的求概率公式仅当所述的试验结果是等可能性时才成

立,而题目中的不同点数之和不是等可能性的。点数之和为 2 只有 1 种情况(1,1),而点数之和为 3 有 2 种情况 (1,2),(2,1),点数之和为 4 有 3 种情况(1,3)(3,1)(2,2),…,点数之和为 7 有 6 种情况(1,6),(6,1),(2,5),(5,2),(3,4),(4,3)。

(2) 设计问题如下。将一枚质地均匀的骰子相继投掷两次,

问题一：写出样本点和样本空间。

问题二：用 A 表示随机事件“至少有一次掷出 1 点”,试用样本点表示事件 A。

问题三：用 A_j(j=1,2,3,4,5,6)表示随机事件“第一次掷出 1 点,第二次掷出 j 点”,用 B 表示随机事件“第一次掷出 1 点”,试用随机事件 A_j 表示随机事件 B。

问题四：用 C 表示随机事件“点数之和为 7”,并求 C 发生的概率。

请学生回答以上问题,并说明样本空间与什么因素有关。

上述四个问题,依次解析如下。

问题一：首先确定样本点,用 1,2,3,4,5,6 表示掷出的点数,用(i,j)表示“第一次掷出 i 点,第二次掷出 j 点”,则相继投掷两次的所有可能结果为：

(1,1) (1,2) (1,3) (1,4) (1,5) (1,6)
(2,1) (2,2) (2,3) (2,4) (2,5) (2,6)
(3,1) (3,2) (3,3) (3,4) (3,5) (3,6)
(4,1) (4,2) (4,3) (4,4) (4,5) (4,6)
(5,1) (5,2) (5,3) (5,4) (5,5) (5,6)
(6,1) (6,2) (6,3) (6,4) (6,5) (6,6)

注意到(1,2)和(2,1)是不同的样本点,分别表示“第一次掷出 1 点,第二次掷出 2 点”和“第一次掷出 2 点,第二次掷出 1 点”这两个随机事件,因此样本空间共有 36 个样本点。把每个样本点称为基本事件,则样本空间为：

$$\Omega=\left\{\begin{array}{l}(1,1),\ (1,2),\ (1,3),\ (1,4),\ (1,5),\ (1,6),\\ (2,1),\ (2,2),\ (2,3),\ (2,4),\ (2,5),\ (2,6),\\ (3,1),\ (3,2),\ (3,3),\ (3,4),\ (3,5),\ (3,6),\\ (4,1),\ (4,2),\ (4,3),\ (4,4),\ (4,5),\ (4,6),\\ (5,1),\ (5,2),\ (5,3),\ (5,4),\ (5,5),\ (5,6),\\ (6,1),\ (6,2),\ (6,3),\ (6,4),\ (6,5),\ (6,6),\end{array}\right\}$$

$$=\{(i,j)\mid i,j=1,2,3,4,5,6\}。$$

问题二：因为随机事件 A=“至少有一次掷出 1 点”,则 A 包括上述样本空间中所有出现 1 的样本点,因此

$$\mathrm{A}=\left\{\begin{array}{l}(1,1),(1,2),(1,3),(1,4),(1,5),(1,6)\\ (2,1),(3,1),(4,1),(5,1),(6,1)\end{array}\right\}。$$

问题三：$A_j=\{(1,j)\}$,j=1,2,3,4,5,6。因为这些事件中任何一个事件发生,则事件 B 就发生,所以

$$\mathrm{B}=A_1\cup A_2\cup A_3\cup A_4\cup A_5\cup A_6。$$

问题四：因为 C={(1,6),(2,5),(3,4),(4,3),(5,2),(6,1)},包括 6 个样本点,样本空间共有 36 个样本点,所以

$$P(\mathrm{C})=\frac{6}{36}=\frac{1}{6}。$$

通过上面的讨论可以看到,样本空间只与问题的背景有关。

案例 4.7 用样本空间的数字特征估计总体的数字特征

阅读案例,并回答问题。

某大学美术系平面设计专业今年的报名刚刚结束,报考人数再创新高。某考生想知道大概的报考人数。已知考生的考号按 0001,0002,……的顺序从小到大依次排列,这位考生随机地了解了 50 名考生的考号,具体为:

0400	0904	0747	0090	0636	0714	0017	0432	0403	0276
0986	0804	0697	0419	0735	0278	0358	0434	0946	0123
0647	0349	0105	0186	0079	0434	0960	0543	0495	0974
0219	0380	0397	0283	0504	0140	0518	0966	0559	0910
0658	0442	0694	0065	0757	0702	0498	0156	0225	0327

问题:

(1) 请给出一种方法,根据这 50 个随机抽取的考号,帮助这位考生估计考生总数。

(2) 该案例体现了学生哪些数学核心素养?结合满意原则和加分原则,评价学生的数学核心素养水平。

解析:

(1) 设考生总数为 N,即 N 是最大考号。

方法一:随机抽取的 50 个数的平均值应该和所有考号的平均值接近,即可用样本的平均值估计总体的平均值。

这 50 个数的算术平均值是 $24671\div 50=493.42$,它应该与 $\frac{N}{2}$ 接近。因此,估计今年报考这所大学美术系平面设计专业的考生总数为:

$$N\approx 493.42\times 2\approx 987(\text{人})。$$

类似地,可以通过样本中位数得到 N 的估计。

方法二:把这 50 个数据从小到大排列,这 50 个数把区间 $[0,N]$ 分成 51 个小区间。由于 N 未知,除了最右边的区间外,其他区间都是已知的。可以利用这些区间长度来估计 N。

由于这 50 个数是随机抽取的,一般情况下可以认为最右边区间的长度近似等于 $[0,N]$ 长的 $\frac{1}{51}$,并且可以用前 50 个区间的平均长度近似代替这个区间的长度。因为这 50 个区间长度的和,恰好是这 50 个数中的最大值 986,因此得到:

$$N\approx \frac{986}{50}\times 51\approx 1006(\text{人})。$$

(2) 用样本空间的数字特征估计总体的数字特征或性质,是统计建模的基本思想和基本手法,既可以表现数学建模素养水平,也可以表现数据分析素养水平。

如果学生给出的方法体现了用样本估计总体的思想,并且给出的理由合理,即使表述得不完整、不清楚、不到位，根据满意原则，都可以认为达到数据分析素养水平一的要求。

例如，用给出数据的最大值 986(与 0986 对应)估计考生总数；用数据的最大值与最小值的和($986+17=1003$)估计考生总数；借助数据中的部分数据的信息(如平均值、中位数等)估计考生的总数；等等。

如果学生能够理解数据分析的思想，过程述说比较清楚，数学表达比较到位，可以认为达到数据分析素养水平二的要求。

案例 4.8　抽样调查问题

阅读案例，并回答问题。

在学习了抽样调查的内容后，某位教师提出了如下问题：如果要调查某小区居民平均每户的月用水量，你会设计怎样的调查方案？

下面是 3 位学生设计的调查方案。

生 1：我会把用水量调查表放在互联网上，让该小区的居民到网上填写，他们的填表信息可以很快地反馈到我的电脑中，这样，我就可以很快估计出小区居民平均每户的月用水量。

生 2：我会给该小区的每一个住户发一个用水量调查表，只要一两天就可以统计出小区居民平均每户的月用水量。

生 3：我会在小区的电话号码本上随机地选出一定数量的电话号码，然后逐个给他们打电话，询问他们的月用水量，然后就可以估计出小区居民平均每户的月用水量。

问题：

请对以上 3 位学生的调查方法加以评价。

解析：

利用学生 1 的调查方法得到的样本是一种方便样本，不能够反映不上网的居民情况，所得的结果代表性差，不能很准确地获得平均每户的月用水量；学生 2 的方法实际上是进行普查，花费的人力物力要多一些，但是如果统计过程不出错，可以准确地得到平均每户的月用水量；在小区的每户居民都装有电话的情况下，学生 3 的方法是一种随机抽样方法，所得的样本具有代表性，可以比较准确地获得平均每户的月用水量。

在小区的每户居民都装有电话的情况下，建议用随机抽样的方法获取数据，即用生 3 的方法，以节省人力和物力，并且可以得到比较精确的结果。

案例 4.9　正态分布

阅读案例，并回答问题。

下面是某位教师讲授正态分布有关内容时的教学片断。

教学片断 1：回顾总体密度曲线。

回顾人教 A 版教材必修 3“统计学”中处理 100 户居民用水量数据的步骤与方法，并将该方法用于个体更多的数据处理中，如调查全国居民的月均用水量，频率分布折线图会越来越接近一条光滑的曲线，即总体密度曲线，如图 4.1 所示。

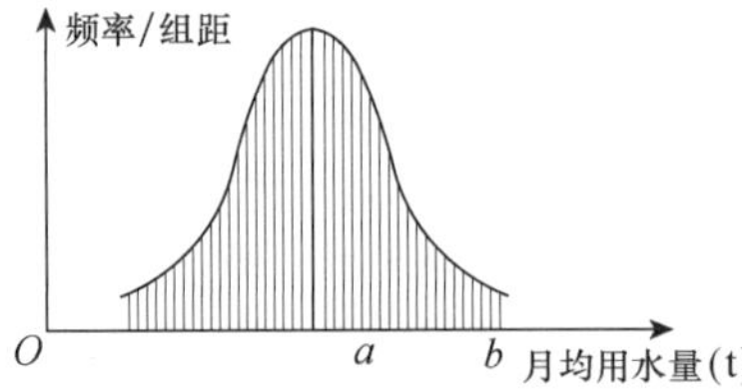

图 4.1　总体密度曲线

图 4.1 中总体密度曲线的形状特征、意义与性质如下。

形状特征：两头低、中间高、左右对称的曲线(钟形曲线)。

意义：反映了连续型随机变量在各个取值范围内的概率(每个小矩形的面积)。

性质：① 非负性，曲线位于 x 轴的上方；② 定值性，曲线与 x 轴围成的面积为 1，即概率之和为 1。

教学片断 2：探究正态曲线与总体密度曲线的关系。

(PPT 展示多种总体密度曲线)

师：这些总体密度曲线中，大家觉得哪种密度曲线比较美呢？

生：钟形曲线。

师：那么，我们今天就来研究这种中间高、两头低、左右对称、比较美的总体密度曲线。具有这种形状特点的总体密度曲线，我们称为正态分布密度曲线，简称正态曲线。

问题：

(1) 请简要说明正态曲线的性质。

(2) 说明案例中两个片段的设计意图。

解析：

(1) ① 曲线在 x 轴的上方，与 x 轴不相交。② 曲线关于直线 $x=\mu$ 对称。③ 当 $x=\mu$ 时，曲线位于最高点。④ 当 $x<\mu$ 时，曲线上升(增函数)，当 $x>\mu$ 时，曲线下降(减函数)，并且当曲线向左、右两边无限延伸时，以 x 轴为渐近线，向其无限靠近。⑤ μ 一定时，曲线的形状由 σ 确定，σ 越大，曲线越“矮胖”，总体分布越分散；σ 越小，曲线越“瘦高”，总体分布越集中。

(2) 教学片断 1 通过回顾总体密度曲线，易使学生认为总体密度曲线都是“中间高、两边低、左右对称”的；而加入教学片断 2，可使学生直观且形象地观察图象，很好地总结出总体密度曲线和正态曲线的联系与区别。

案例 4.10　随机事件

阅读案例，并回答问题。

以下是两位教师引入随机事件概念时的教学设计。

教师 1 的教学设计如下。

设置问题情境：下列事件哪些是必然发生的？哪些是不可能发生的？

① 太阳从西边下山；② 某人的体温是 100℃；③ $a^2+b^2=-1$(其中 a,b 都是实数)；④ 水往低处流；⑤ 酸和碱反应生成盐和水；⑥ 三个人性别各不相同；⑦ 一元二次方程 $x^2+2x+3=0$ 无实数解。

引发思考：事件①、④、⑤、⑦为必然事件，事件②、③、⑥为不可能事件。

提问：什么是必然事件？什么又是不可能事件呢？它们的特点各是什么？

在此基础上再讲授随机事件概念。

教师 2 的教学设计如下。

在日常生活中我们会发现有些事件是可能发生的，有些事件是不可能发生的，有些事件是必然发生的，在数学中我们怎样定义事件发生的可能性呢？今天就来学习随机事件、必然事件、不可能事件的概念。

问题：

(1) 请分析两位教师引入随机事件概念时各自设计方案的特点。

(2) 在教学中，当引入一个新的数学概念之后，教师往往通过例题、习题的形式帮助学生加深对概念的理解。请针对随机事件概念，设计不同难度的两道例题和两道练习题。

解析：

(1) 教师 1 的做法非常符合素质教育的要求。首先，这几个事件都是学生熟知的生活常识和学科知识，通过这些生动的、有趣的实例，自然地引出必然事件和不可能事件；其次，必然事件和不可能事件相对于随机事件来说，特征比较明显，学生容易判断，把它们首先提出来，符合由浅入深的理念，容易激发学生的学习积极性；最后，概念的总结过程也让学生来完成，把课堂尽量多地还给学生，以此来体现学生自主学习、主动参与的理念。

教师 2 的做法是有所欠缺的。该教师没有给学生预设情境，而是通过总结性的语言，直接总结提出随机事件的概念。这样做无法体现学生的主体地位，不能提高学生的学习积极性，也没有增加教学的趣味性和知识性，课堂气氛会比较沉闷。

(2) 两道例题和两道练习题的设计如下。

例题 1："从一堆牌中任意抽一张，抽到红牌"这一事件的发生情况是怎样的？

例题 2：5 名同学参加演讲比赛，以抽签方式决定每个人的出场顺序。签筒中有 5 根形状大小相同的纸签，上面分别标有出场的序号 1，2，3，4，5。小军首先抽签，他在看不到纸签上数字的情况下从签筒中随机(任意)地抽取一根纸签。请考虑以下问题：

① 抽到的序号有几种可能的结果？

② 抽到的序号会是 0 吗？

③ 抽到的序号小于 6 吗？

④ 抽到的序号会是 1 吗？

⑤ 你能列举与事件③相似的事件吗？

练习题 1：摸球游戏中，小明的箱子里面都是红球，小麦的箱子里面都是黑球，小米的箱子里面有红球和黑球。问小明、小麦、小米三人每次一定能摸到红球吗？

练习题 2：指出下列事件中哪些是必然事件，哪些是不可能事件，哪些是随机事件。

① 两直线平行，内错角相等；

② 刘翔再次打破 110 米栏的世界纪录；

③ 打靶命中靶心；

④ 掷一次骰子，落地时向上一面是 3 点；

⑤ 13 个人中，至少有两个人出生的月份相同；

⑥ 经过有信号灯的十字路口，遇见红灯；

⑦ 在装有 3 个球的布袋里掏出 4 个球；

⑧ 物体在重力的作用下自由下落。

案例 4.11　高尔顿板实验

阅读案例，并回答问题。

在学习正态分布的有关内容时，某教师利用电脑模拟了高尔顿板实验的过程。

高尔顿板实验描述：图 4.2 为实验装置，其中每一个黑点表示钉在板上的一颗钉子。每排钉子等距排列，下一排的每个钉子恰在上一排两相邻钉子之间。假设有 n 排钉子，从入口中处放入小球，小球在下落过程中碰到钉子后以 1/2 的概率滚向左边，也以 1/2 的概率滚向右边。碰到下一排钉子又是如此。因此任意放入一个小球，则小球落入底层的哪一个格子是预先难以确定的。

高尔顿板实验结果：如果 n 很大，大量小球滚到钉板底层的格子的情形如图 4.3 所示，堆成的曲线近似于左右对称的、钟形的正态分布密度曲线。

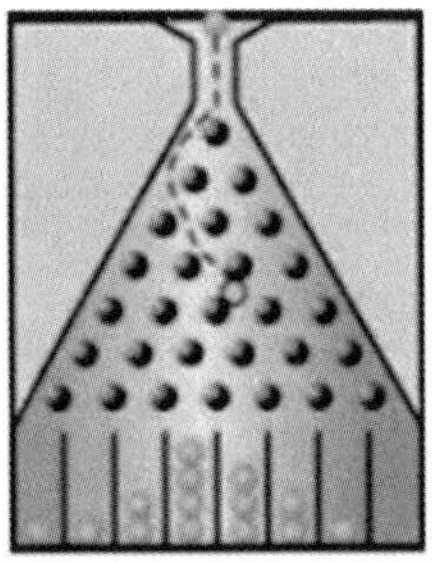

图 4.2　高尔顿板实验装置

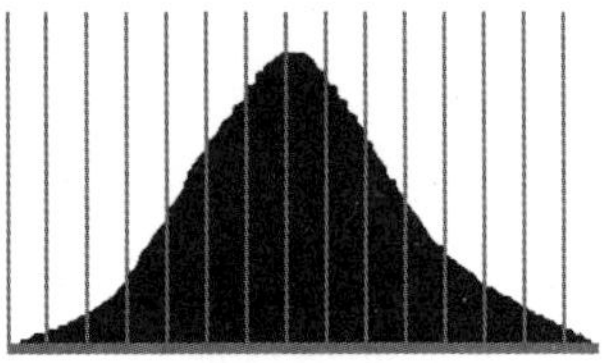

图 4.3　高尔顿板实验结果

问题：

请说明此教学设计的设计意图。

解析：

该教师在课堂中开展高尔顿板实验，不仅让学生意识到，正态曲线在我们生活中大量存在的事实，而且为后面分析生活中什么类型的变量符合正态分布起到了良好的铺垫作用。

同时，该教师利用电脑开展高尔顿板实验，很好地利用了信息技术的实验模拟作用，省去了课前制作实验模具的时间，以及课上分别模拟放入50、100、200个球的实验时间，且其在实验观察及实验效果上，丝毫不逊色于实体实验。

【本章小结】

本章主要列举了11个较为典型的概率与统计主题的教学案例，并进行了详细的案例诊断分析，使学生能够经历较为系统的数据处理全过程。在此过程中学生还学习了数据分析的方法，厘清了数据分析的思路，并能够运用所学知识和方法解决实际问题。本章的重点在于提升学生的数据分析、数学建模、逻辑推理和数学运算等素养。

【本章要点回顾】

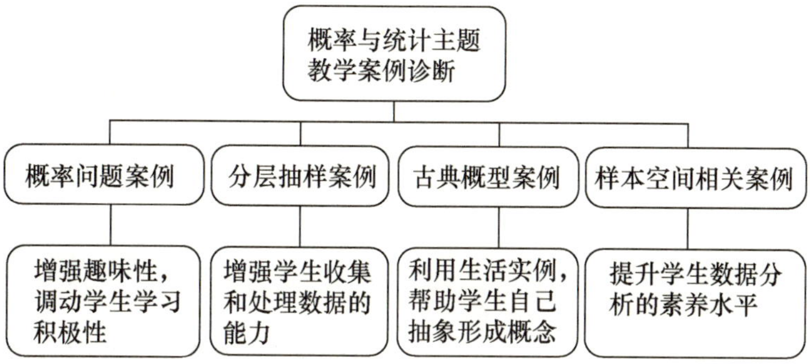

第五章

数学建模活动与数学探究活动主题教学案例诊断

☞ 学习目标

◎ 明确数学建模活动与数学探究活动在高中数学课程中的地位。

◎ 发现和提出有意义的数学问题，猜测合理的数学结论。

◎ 提出解决问题的思路和方案，通过自主探索、合作研究论证数学结论。

☞ 教学提示

数学建模活动与数学探究活动既是运用数学知识解决数学问题的一类综合实践活动，也是高中阶段数学课程的重要内容。教师要能够通过典型案例开展教学活动，案例的情境应该是丰富的、有趣的、学生熟悉的。在案例教学中要重视过程，层次清楚，从具体到抽象，从实际到理论，培养学生的创新意识和实践能力。

☞ 学习导引

数学建模活动是对现实问题进行数学抽象，用数学语言表达问题、用数学方法构建模型解决问题的过程。数学探究活动是围绕某个具体的数学问题，开展自主探究、合作研究并最终解决问题的过程。本章根据《普通高中数学课程标准》(2017 年版)的要求，对高中数学课程中数学建模活动与数学探究活动部分的一些典型案例进行了诊断分析。

案例 5.1　急刹车停车距离问题

阅读案例，并回答问题。

数学建模活动是一个科学研究的过程，既可以个人单独进行，也可以组织研究小组共同开展。科学研究通常需要经历选题、开题、做题、结题四个基本步骤。

① 选题。根据学生已有的数学、物理等知识，选择与生活紧密相关的实际问题作为选题。比如，学生坐车时可能都经历过急刹车的情况，急刹车过程中的停车距离主要包括司机意识到应该刹车时的反应距离和制动距离两部分。详细分析急刹车过程，选择其中的最关键因素，可建立“停车距离＝反应距离＋制动距离”的数学模型。

② 开题。结合问题，查阅相关资料，检索已有成果，用“头脑风暴”的形式集思广益，初步形成解决问题的大致思路和方案，并分析方案的可行性，尝试撰写开题报告。教师可以组织小组之间交流，请一位学生代表本小组介绍开题报告，交流反思后，改进并确定实施方案。

③ 做题。实施建立模型、求解模型、检验结果的过程，写出结题报告或写成小论文。

④ 结题。在班里介绍建模过程、结果和收获，由教师和其他同学给出评价。

问题：

(1) 结合以上步骤，根据现实背景，确定建立急刹车停车距离模型的具体步骤，并给出最终的数学模型。

(2) 根据模型表达式对模型做简单评价。

解析：

(1) 建立急刹车停车距离模型大体需要经历以下几个关键环节。

第一步，确定影响停车距离的主要因素。真实情况中，停车距离与刹车前汽车行驶的速度有关，与驾驶人员的反应时间有关(因人而异)，与车辆的刹车性能有关(因车而异)，还与道路状况、天气状况等一些随机因素有关。构建数学模型需要确定最为关键的因素，我们假设汽车行驶在路况良好的高速公路上，汽车刹车性能良好，停车距离主要与前两个因素有关。

第二步，建立急刹车停车距离模型。由上面的分析，可以得到一个用生活语言表述的模型：

停车距离＝反应距离＋制动距离。

设 d 表示停车距离，d_1 表示反应距离，d_2 表示制动距离，用数学符号把上述模型表示为

$$d = d_1 + d_2。 \quad ①$$

为了得到 d_1 和 d_2 的具体表达式，可以作下面的假设。

关于反应距离 d_1，假设其是反应时间和汽车速度的函数。反应时间是指司机意识到应当急刹车到实施刹车所需要的时间，用 t 表示；汽车速度是指司机在实施急刹车之前汽车的速度，用 v 表示。在一般情况下，反应距离 d_1 与反应时间 t 和汽车速度 v 都成正比，把这个关系表示为

$$d_1 = \alpha t v,$$

其中 α 为正的特定系数。

在现实生活中，可以知道反应时间 $t>0$，但很难确定具体数值。因此，最终只能确认反应距离与汽车速度成正比，即把这个关系写成

$$d_1 = \alpha v,$$

可以认为用 α 替代了 αt。

关于制动距离 d_2，假设刹车时汽车受力大小近似等于汽车轮胎与路面的摩擦力，那么制动距离是刹车时汽车受力与汽车速度的函教。

若 F 表示刹车时汽车受力，则汽车急刹车时所做的功为 Fd_2，根据能量守恒定律得 $Fd_2=\frac{mv^2}{2}$，其中 m 是汽车质量。另一方面，如果急刹车时的加速度是 a，再根据牛顿第二定律得 $F=ma$。综合上面两个式子，可以得到 $mad_2=\frac{mv^2}{2}$，即制动距离

$$d_2 = \frac{v^2}{2a},$$

也就是说，制动距离与汽车速度平方成正比，记为

$$d_2 = \beta v^2,$$

其中 β 是待定参数。依据①式，得

$$d = \alpha v + \beta v^2。 \quad ②$$

第三步，确定参数，计算求解。模型中的参数是至关重要的，一般来说不可能通过理论计算得到，因为在构建模型的过程中有许多因素没有也不可能考虑进来。在实际情况中，参数值通常是通过统计方法得到的，是通过现实数据估计出来的。大体上有三种方

法可以得到现实数据：调查、实验和测试。

(2) 从②式可以看到，急刹车停车距离模型是汽车速度的二次函数，因此从数学应用的角度可以认为，函数是构建数学模型的有力工具。

利用实际数据可以获得模型中的参数，在一般情况下，来源于实际的参数使得这个模型能够经受实践的检验。因此，如此建立的急刹车停车距离模型在实际参数下可以普遍应用于汽车刹车设计和路面交通管理中。

案例 5.2　测量高度活动流程

阅读案例，并回答问题。

某班级准备开展如下的测量任务。

(1) 测量本校的一座教学楼的高度活动。

(2) 测量本校的旗杆高度。

(3) 测量学校墙外的一座不可及，但在学校操场上可以看得见的建筑物的高度。

可以每 2～3 个学生组成一个测量小组，以小组为单位完成；每人填写课题报告(表 5.1)，一周后上交。

表 5.1　课题报告

项目名称：________________　　　　完成时间：________________

1. 成员与分工	
姓名	分工
2. 测量对象 例如，某小组选择的测量对象是：旗杆、教学楼、校外的××大厦。	
3. 测量方法(请说明测量的原理、测量工具、创新点等)	
4. 测量数据、计算过程和结果(可以另外附图或附页)	
5. 研究结果(包括误差分析)	
6. 简述工作感受	

问题：

（1）假如你是负责组织该活动的教师，对学生完成这项活动流程，你会给出哪些要求和建议？

（2）谈谈教师在该项活动开题、做题、结题中的具体工作。

（3）分析开展这一活动的意义。

解析：

（1）假如我是负责该活动的教师，我会对学生的活动流程提出如下要求和建议。

① 成立项目小组，确定工作目标，准备测量工具。

② 小组成员查阅有关资料，进行讨论交流，寻求高效测量的方法，设计测量方案（最好设计两套测量方案）。

③ 分工合作，明确责任。例如，测量、记录数据、计算求解、撰写报告如何分工等。

④ 撰写报告，讨论交流。可以用照片、模型、PPT 等形式展现获得的成果。

（2）教师在开题、做题、结题中的具体工作如下。

开题阶段：教师可以在课堂上组织开题交流，让每一个项目小组陈述初步测量的方案，教师和其他学生可以提出质疑。

例如，如果有学生提出要测量仰角来计算高度，教师可以追问：怎么测量仰角？用什么工具测量？目的是提醒学生，事先设计出有效的测量方法和确定实用的测量仪器。

如果有学生提出要测量影长计算高度，教师可以追问：什么时间测量比较好？如果学生提出比较测量物和参照物的影长时，教师可以追问：是同时测量好，还是先后测量好？目的是提醒学生注意测量的细节。

如果有学生提出用照相机拍一张测量物和参照物（如一个已知身高的人）的合影，通过参照物的高度按比例计算出测量物的高度。教师可以追问：参照物应该站在哪里？与测量物是什么位置关系？目的是提醒学生注意现实测量与未来计算的关联。

在讨论的基础上，项目小组最终形成各自的测量方案。讨论的目的是让学生想清楚测量过程中使用的数学模型，这样可以减少实践过程中的盲目性，培养学生良好的思维习惯；同时可以让学生意识到，看似简单的问题，也有许多需要认真思考、认真对待的内容，从而促进其科学精神的形成。

做题阶段：依据小组的测量方案实时测量。尽量安排各个小组在同一时间进行测量，这样有利于教师在现场观察和管理。教师需要提醒学生，要有分工、合作，责任要落实到个人。

在测量过程中，教师要认真巡视，记录那些态度认真、合作默契、方法恰当的测量小组和个人，供讲评时使用。特别要注意观察和发现测量中出现的问题，避免因为测量方法不合理产生较大误差。当学生出现方法不合理、误差较大等问题时，教师要把问题看作极好的教育契机，启发学生分析原因，引导他们发现出现问题的原因，寻求解决问题的办法。

结题阶段：在每一位学生都完成“课题报告”后，可以安排一次交流讲评活动，遴选的交流报告最好有鲜明的特点，如测量结果准确、过程完整清晰、方法有创意、误差处理得当、报告书写规范等；或者测量的结果出现明显误差，使用的方法不当等。交流讲评往往是数学建模过程中最为重要的环节，学生在这一过程中可以相互借鉴、共同提高。

(3) 开展这一活动有深刻的意义。测量高度是传统的数学应用问题，这样的问题有助于培养学生分析解决问题、动手实践、分析误差等方面的能力。测量模型可以用平面几何的方法，如比例线段、相似形状等；也可以用三角的方法；还可以用物理的方法，如考虑自由落体的时间；等等。应鼓励学生在合作学习的基础上，自主设计、自己选择测量方法解决问题。

这样的教学活动，因为问题贴近学生的生活，学生比较容易上手，采用选题、开题、做题、结题四个环节实施数学建模活动，能够使学生在做中学、在学中做，从中体会数学的应用价值，并能充分展现个性、尝试创新。

案例 5.3　测量高度课题报告及结题交流

阅读案例，并回答问题。

某小组在测量高度数学建模活动后，撰写了一份课题报告。以下为该报告的摘录片段。

1. 测量不可及建筑物(理想大厦)的方法。

(1) 两次测角法。

① 测量并记录观测工具——观测者的眼睛距离地面的高度 h m。

② 用大量角器，将一边平行于地面，另一边的延长线对准大厦的顶部，计算并记录观测仰角 α。

③ 后退 a m，重复步骤②中的操作，计算并记录观测仰角 β。

④ 楼高 x 的计算公式为：

$$x=\frac{a\tan\alpha\tan\beta}{\tan\alpha-\tan\beta}+h,$$

其中 α,β,a,h 的意义如图 5.1 所示。

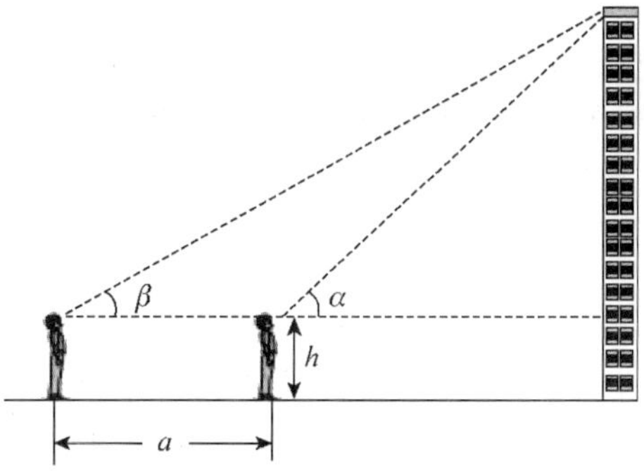

图 5.1　两次测角法示意图

(2) 镜面反射法。

① 测量并记录观测工具——观察者的眼睛距离地面的高度 h m。

② 将镜子(平面镜)置于平地上，人后退至从镜中恰好能够看到楼顶的位置，测量人

与镜子的距离 a_1。

③ 将镜子后移 a m，重复步骤①中的操作，记录人与镜子的距离 a_2。

④ 楼高 x 的计算公式为：

$$x=\frac{ah}{a_2-a_1},$$

其中 a_1，a_2，a，h 的意义如图 5.2 所示。根据光的反射原理，利用相似三角形的性质联立方程组，可以得到此公式。

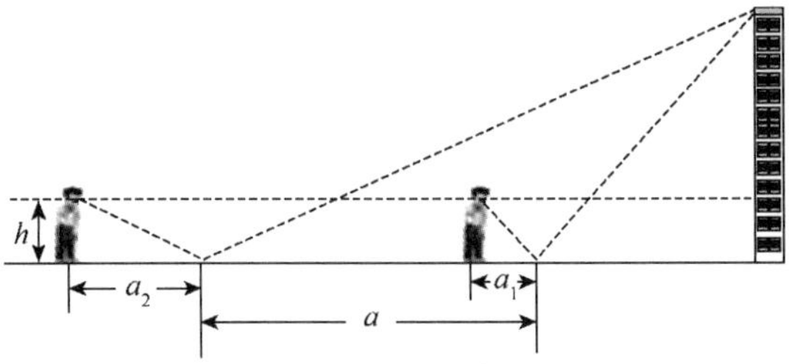

图 5.2　镜面反射法示意图

2. 实际测量数据与计算结果，以及测量误差的简要分析。

(1) 两次测角法。

实际测量数据如表 5.2 所示。

表 5.2　两次测角法实际测量数据

项　　目	数　　值
仰角 α	67°
仰角 β	52°
后退距离 a	25 m
观测者眼睛的高度 h	1.5 m

计算可得理想大厦的高度约为 71.5 m，结果与期望值(70～80 m)相差不大。

误差的原因是用铅笔在纸板上画出仰角时不够精确。减少误差的方法是几个人分别测量高度及仰角，再求平均值，误差会更小。

(2) 镜面反射法。

实际测量数据如表 5.3 所示。

表 5.3　镜面反射法实际测量数据

项　　目	数　　值
人与镜子距离 a_1	3.84 m
人与镜子距离 a_2	3.91 m
镜子后移距离 a	10 m
观测者眼睛的高度 h	1.52 m

计算可得理想大厦的高度约为 217 m，结果与期望值（70～80 m）相差较大。

产生误差有以下几点原因：

① 镜面放置不能保持水平。

② 镜子两次放置的相对距离太短。

③ 人眼看镜内物像时，两次不一定都看准镜面上的同一个点。

综上所述，要做到没有误差很难，但可以通过某些方式使误差更小，我们小组准备用其他的测量方法找出更理想的结果。

对以上的测量报告，教师和学生给出了各自的评价。对测量方法，教师和学生评价均为“优”，因为对不可及的测量对象选取了两种可行的测量方法；对测量结果，教师评价为“良”，同学评价为“中”，因为两种方法得到的结果相差较大。对测量结果的评价，教师和学生产生差异的原因是，教师对该组测量过程中的部分项目实施加分，包括对测量仰角的工具等因素做了误差分析。

在此基础上，教师引导学生进一步分析了误差产生的原因，主要包括以下几点。

① 测量工具问题。实施两次测角法时，自制量角工具比较粗糙，角度的刻度误差较大；实施镜面反射法时，选用的镜子尺寸太大，造成镜面间距测量有较大误差。

② 间距差的问题。间距差 a 值是测量者自己选定的，因为没有较长的卷尺测量距离，有的学生甚至将间距差 a 定为 1 m。由于间距太小，两次测量的角度差或人与镜的距离差太小，最终导致计算结果产生巨大误差。部分学生意识到这个问题后，利用运动场 100 m 跑道的自然长度作为间距差 a，使得测量精度得到较大提高。

③ 不少学生用自己的身高代替了眼睛高度，从而造成较大误差。这反映了一些学生没有很好地理解眼睛的高度才应当是观测工具的高度。

在结题交流过程中，教师通过展示测量现场的照片，引导学生发现问题，让学生分析误差产生的原因。学生们在活动中意识到，书本知识和实践能力的联系与转化是有效的学习方式。

问题：

（1）结合上述实例，思考评价数学建模活动应注意哪些问题。

（2）如何评价该组学生的建模活动？

解析：

（1）建模活动的评价既要关注结果，更要关注过程。

对测量方法和测量结果的数学评价可以占总评价的 60%，主要由教师做评价。评价依据为现场观察和学生上交的测量报告，主要评价点有以下几点。

① 测量模型是否有效；

② 计算过程是否清晰准确，测量结果是否可以接受；

③ 测量工具是否合理、有效；

④ 是否有创意的测量方法；

⑤ 是否有减少测量误差的思考和做法；

⑥ 是否有数据处理的意识和做法；

……

非数学的评价可以占总评价的 40%，主要评价点有以下几点。

① 每一名成员在小组测量和计算过程中的工作状态；

② 测量过程中遇到困难后的思考和改进；

③ 讨论发言、成果汇报中的表现等。

非数学的评价主要是在学生之间进行，可以要求学生给出本小组以外其他汇报小组的成绩，并写出简单理由。

(2) 在本次数学建模活动中，该组学生的设计方案科学合理，模型选取恰当，整体的计算过程严谨、详细，对于测量工具的使用有较好的掌握，采用的测量方法简洁、有效，整个测量过程中对于误差的控制较好。在整个活动中体现出学生较好的数学建模素养和创新意识，极大地锻炼了学生的综合实践能力。

案例 5.4　鞋号问题

阅读案例，并回答问题。

网上购鞋常常会看到如表 5.4 所示的表格。

表 5.4　脚长与鞋号对应表

脚长/mm	220	225	230	235	240	245	250	255	260	265
鞋号	34	35	36	37	38	39	40	41	42	43

问题：

请给出以下问题的解题过程，并根据满意原则和加分原则分析学生的数学建模素养水平。

(1) 根据表 5.4 中的数据，确定实际脚长 a 与鞋号 b 对应规律的计算公式。

(2) 根据计算公式，30 号鞋所对应的脚长是多少？

(3) 如果一个篮球运动员的脚长为 282 mm，根据计算公式，他该穿多大号的鞋？

解析：

(1) 可以把表 5.4 中的两行数据看成两个数列，分别为 $\{a_n\}$ 和 $\{b_n\}$。仔细观察可以知道，这两个数列分别满足下面的递推关系：

$$a_{n+1}=a_n+5,\ a_1=220;$$

$$b_{n+1}=b_n+1,\ b_1=34。$$

由此得到 $a_n=215+5n$ 和 $b_n=33+n$，于是有

$$b_n=0.2a_n-10。$$

如果学生能够找到并且准确表达脚长与鞋号之间的线性关系，根据满意原则，可以认为其达到数学建模素养水平一的要求。

进一步地，如果学生将脚长和对应的鞋号记作 (a,b)，在平面直角坐标系中描点，观察到线性关系，然后建立关系式 $b=0.2a-10$，就说明学生能够借助图形直观发现变化规律，并且能够用函数清晰表达变化规律，根据加分原则，可以加分。

如果学生构建数据表，利用计算工具的电子表格做出散点图，选择几种函数模型进行拟合，对比拟合结果，发现线性函数的拟合效果最好，相关系数为1，进而确定计算公式是一个线性模型，最后确定模型中的参数，根据加分原则，可以针对“使用计算工具”加分。

(2) 令 $b=30$，代入公式 $b=0.2a-10$ 中，得 $a=200$，即脚的长度为 200 mm。

虽然计算过程是套用已知结果，但由 b 求 a 涉及简单的反函数，可以认为学生达到数学建模素养水平二的要求。

(3) 当 $a=282$ 时，代入公式 $b=0.2a-10$，得 $b=46.4$。

本题可分两种情况给学生评分：如果学生简单地进行“四舍五入”，选 46 号鞋，或者直接选 46.4 号鞋，依然可以认为达到数学建模素养水平二的要求。如果学生知道做出的结论要符合实际，提出穿鞋要“不挤脚”，因此选 47 号鞋，或者提出考察脚型、鞋型，根据解答情况，可以加分。

案例 5.5　包装彩绳长度

阅读案例，并回答问题。

某位教师给学生布置了如下一道习题。

题目：某同学到商店买了一盒点心，为了美观起见，售货员对点心盒做了一个捆扎[图 5.3(1)]，并在角上配了一个花结。售货员说，这样的捆扎方式不仅漂亮，而且比一般的十字捆扎方式[图 5.3(2)]更节省彩绳。你同意这种说法吗？请给出你的理由。(注：长方体点心盒的高小于长、宽)

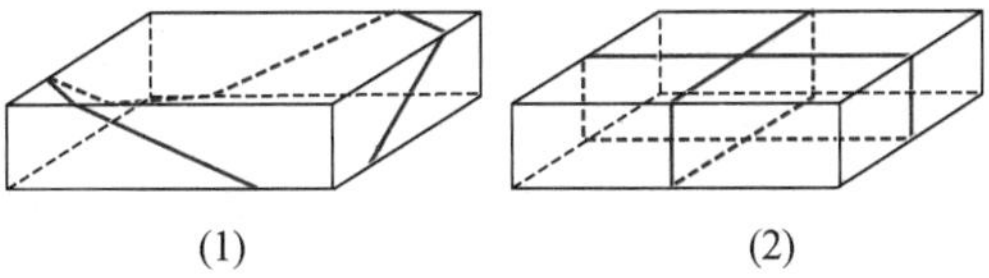

图 5.3　点心盒的两种捆扎方式

课堂上，教师让学生分组讨论，交流展示。

A 组学生找到了几个不同大小的长方体盒子，并亲自捆扎包装，测量比较得到了结论；

B 组学生将长方体的盒子展开，观察平面展开图，通过论证的方式进行探究得到结论。

问题：

给出通过平面展开图方式进行论证的过程，并请结合评价的满意原则和加分原则，评价学生的核心素养水平。

解析：

如果不考虑花结用绳，或者认为两种捆扎方法中花结的用绳长度相同，推理过程可以表述如下。

设长方体点心盒子的长、宽、高分别为 x,y,z,依据图 5.3(2)的捆扎方式,把彩绳的长度记作 l,因为长方体的每个面上的那一段彩绳都与相交的棱垂直,所以

$$l = 2x + 2y + 4z。$$

依据图 5.3(1)的捆扎方式,可以想象将长方体盒子展开在一个平面上,则彩绳的平面展开图是一条由 A 到 A 的折线;在"扎紧"的情况下,彩绳的平面展开图是一条由 A 到 A 的线段,记为 $A'A''$(图 5.4),这时用绳最短,绳长记作 m。在$\triangle A'BA''$中,由三角形中两边之和大于第三边,得

$$\begin{aligned} m &= |A'A''| < |A'B| + |A''B| \\ &= 2y + 2z + 2x + 2z \\ &= 2x + 2y + 4z, \end{aligned}$$

即,$l>m$。

因此,图 5.3(1)中的捆扎方式更节省材料。

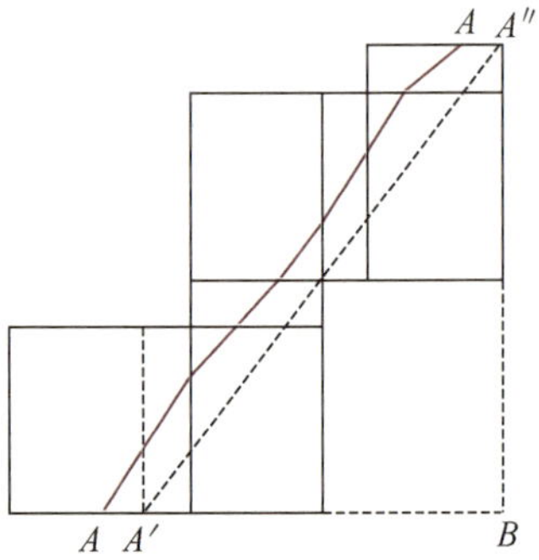

图 5.4　长方体盒子的平面展开示意图

如果学生能够根据几个具体的长方体盒子,通过捆扎操作、测量比较的方法,得到针对这几个盒子的结论,并且能够通过归纳提出针对一般长方体盒子的猜想,即使不能给出证明,根据满意原则,也可以认为其达到数学建模素养水平一的要求。

如果学生能够用字母表示各段绳长,将长方体盒子展开在一个平面,把问题转化为平面上的折线长度的比较,把"扎紧"的表述转化为两点间的直线段,最后得出一般性的结论,可以认为其达到数学建模素养水平二的要求。

如果学生能够完成推理工作,可以认为其达到数学建模素养水平二的要求。如果思路清晰、表达准确,还可以适当加分。

案例 5.6　体重与脉搏

阅读案例,并回答问题。

生物学家认为,睡眠中的恒温动物依然会消耗体内能量,主要是为了保持体温。研究表明,消耗的能量 E 与通过心脏的血流量 Q 成正比,并且根据生物学常识可知,动物的体重与体积成正比。

表 5.5 所示为一些动物体重与脉搏率对应的数据。

表 5.5　一些动物的体重和脉搏率

动物名	体重/g	脉搏率/(心跳次数·min^{-1})
鼠	25	670
大鼠	200	420
豚鼠	300	300
兔	2000	205
小狗	5000	120
大狗	30 000	85
羊	50 000	70
马	450 000	38

问题：

(1) 请根据生物学常识,给出血流量与体重关系的数学模型。

(2) 从表 5.5 可以看到,体重越轻的动物脉搏率越高。请建立脉搏率与体重关系的数学模型,并根据评价的满意原则和加分原则分析学生的数学建模素养水平。

解析：

(1) 因为动物通过身体表面散发热量,表面积越大,散发的热量越多,保持体温需要的能量也就越大,所以动物体内消耗的能量 E 与身体表面积 S 成正比,可以表示为 $E=p_1S$。又因为动物体内消耗的能量 E 与通过心脏的血流量 Q 成正比,可以表示为 $E=p_2Q$,所以得到

$$Q=pS,$$

其中 p_1,p_2 和 p 均为正的比例系数。

另一方面,因为体积 V 与体重 W 成正比,可以表示为 $V=r_1W$,又因为表面积 S 大约与体积 V 的 $\frac{2}{3}$ 次方成正比,可以表示为 $S=r_2V^{\frac{2}{3}}$,所以得到

$$S=rW^{\frac{2}{3}},$$

其中 r_1,r_2 和 r 均为正的比例系数。

因此可以构建血流量与体重关系的数学模型

$$Q=k_1W^{\frac{2}{3}},$$

其中 k_1 为正的比例系数。

(2) 设每次心跳从心脏到全身的血流量为 q,根据脉搏率的定义可知 $f=\frac{Q}{q}$,再根据生物学假设 $q=cW$(c 为正的比例系数),最后得到 $f=\frac{Q}{q}=\frac{k_1W^{\frac{2}{3}}}{cW}$,也就是

$$f=kW^{-\frac{1}{3}},$$

其中 k 为正的待定系数。

脉搏率与体重关系的数学模型说明,恒温动物体重越大,脉搏率越低,脉搏率与体重

的$\frac{1}{3}$次方成反比。

因为该数学建模只用到“比例分析”，因此在知识层面上对学生来说难度不大，但学生通常对比例模型的分析思路比较陌生；同时，该数学建模体现了跨学科知识的应用，因此如果学生能很好地解决该建模问题，可以认为学生达到数学建模素养水平二，甚至水平三的要求。

案例 5.7　正方体截面的探究

阅读案例，并回答问题。

下面是某位教师讲授正方体截面探究课程的教学片段。

师：用一个平面截正方体，截面的形状会是什么样的？谁能说一下？

生 1：可能是正方形。

生 2：可能是长方形。

生 3：可能是梯形。

生 4：可能是多边形，情况不唯一。

师：同学们可以观察老师给出的截面图形情况，画出相应的截面示意图，并进行总结归类(向学生展示图 5.5)。

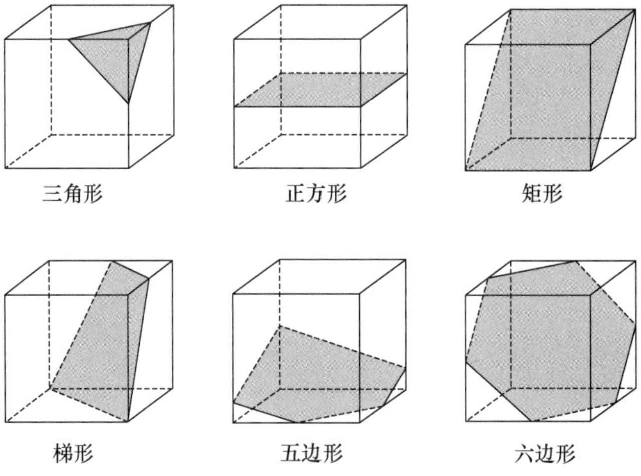

图 5.5　正方体截面图形示意图

师：我们可以按照截面图形的边数分类。

教师进行启发，学生自主或在教师引导下解答教师提出的以下一些问题。

师：如果截面是三角形，可以有几类不同的三角形？为什么？

师：如果截面是四边形，可以有几类不同的四边形？为什么？

师：还能截出哪些多边形？为什么？

问题：

(1) 请根据以上教学内容分析该教师可采用哪些教学方式。

(2) 分析这种教学模式的应用意义。

(3) 为培养学生发现问题、提出问题的能力,该教学过程中还可以提出哪些探究问题?

解析:

(1) 该教师在教学过程中提出了一个跨度很大的数学问题串,在实际教学中可以针对不同学生,设计不同的教学方式,通过多种方法实施探究。例如,可以通过切萝卜块观察截面,启发学生思路;也可以在透明的正方体盒子中注入有颜色的水,观察不同摆放位置、不同水量时的液体表面的形状;还可以借助信息技术直观快捷地展示各种可能的截面。

(2) 这种教学模式可以鼓励学生通过操作观察,形成猜想,证明结论。这种逐渐深入的探究过程,有利于培养学生发现问题、分类讨论、作图表达、推理论证等能力,并在具体情境中提升学生直观想象、数学抽象、逻辑推理等素养,帮助学生积累数学探究活动的经验。

(3) 还可以提出以下探究问题:

能否截出正五边形?为什么?

能否截出直角三角形?为什么?

有没有可能截出边数超过 6 的多边形?为什么?

能否截出正六边形?为什么?

截面面积最大的三角形是什么形状的三角形?为什么?

【本章小结】

本章主要列举了 7 个较为典型的数学建模活动与数学探究活动主题的教学案例,并进行了详细的案例诊断分析,帮助学生更好地体会数学建模活动和数学探究活动过程,引导学生提出解决问题的思路和方案,通过自主探索、合作研究论证数学结论。本章的重点在于能够提升学生数学建模、数学抽象、数据分析、数学运算、逻辑推理和直观想象等素养。

【本章要点回顾】

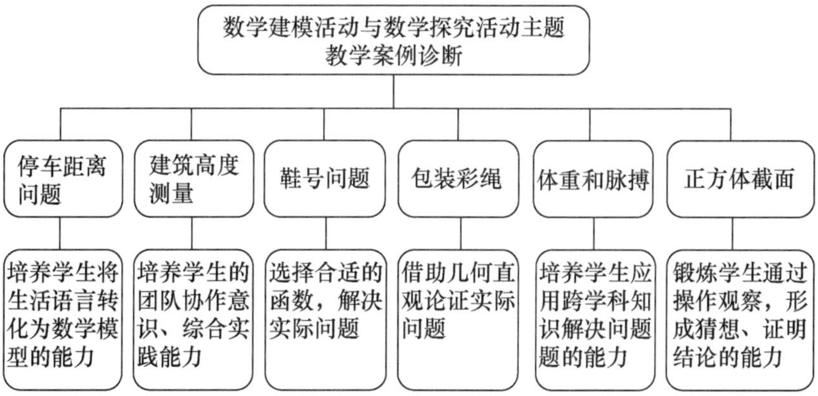